AQUARIUS

AQUARIUS

AQUARIUS

AQUARIUS

Vision

一些人物，
一些視野，
一些觀點，
與一個全新的遠景！

你不伸手他會在這裡躺多久？

一個年輕社工的掙扎與淚水

李佳庭 社工／

2017 關鍵評論網「未來大人物」得

【推薦序一】陪你活下去

林立青（作家）

我是從網路上的文字開始認識李佳庭的，大概和我開始在網路寫作的時間差不多。我還記得第一次見面時，相約在他們的辦公室，裡面三貓圍繞。社工們在一樓辦公的時候，服務的無家者就住在他們辦公室樓上。

他們對外叫街友「無家者」，對內，則說這些「案主」，接受芒草心輔導而入住安置空間的每個人是「住民」，每個名詞都避開了歧視和標籤，慎重地存在著。

「原本我們希望這裡是可以專門照顧女生的，但居民反對，政府又不願意支持，所以我們到現在還是沒有辦法照顧街頭的姊姊們……」佳庭說這話的時候，言詞之間毫無情緒，彷彿已經接受了這既成的事實，但又隨即眼睛發亮地說，「但是啊，或許有一天，我們台北市真的可以有一個專門照顧女生的地方……」當她這麼說時，一個「個案」走進辦公室，訴苦、抱怨、罵政府幾句以後，拿了泡麵、罐頭離去。隔沒多久，另一個個案騎著腳踏車前來。其實，這裡的社工早已見怪不怪，在佳庭和前來索討食物、詢問情報的個案說話時，另一個社工則是和個案進行「多吃青菜」的勸導，同時給了對方待用餐券。我印象所及，每一次到芒草心，都有個案圍繞：來預借幾百元的，問申請輔助資格的，問工作的，訴苦的，拉著人聽他罵政府的。

芒草心的辦公室燈光常常亮著。在入夜以後，社工們仍在辦公室內加班。如果關燈，那很可能是去了另一個據點——「入船廳」或安置中心，或者是去街頭夜訪，但也還是有些人會在這個時間來找社工，來問遇到街友該如何是好，拿了物資，想要捐贈的，當然也有剛下班的個案前來，因為他們剛下班，加上通勤的時間，都已經是夜晚了，所以芒草心的辦公室總是很晚熄燈。偶爾有了社會新聞和案件，才開始喧囂起來，或許他們會在第一時間回應、澄清，又或者是社工和在地組織們聚集起來討論，該如何抹去社會大眾眼中的偏見，這是芒草心的工作。站在第一線的位置，接受社會的現實，並且試圖爭取一些資源和空間。

這本書就是佳庭寫下第一線社工對於無家者、社福、艱苦人的觀察和體悟，以及她零距離接觸到的無家者的真實面貌和自己當時的感受。

社工在書寫上的角度特殊，她既是第一線的專業助人工作者，也不諱言自己是低薪、工時過長，並且被各種計劃或者公部門核銷資料壓到喘不過氣的在職貧窮勞工。她既有專業訓練，必須遵守社工倫理，面對的，卻又是比她年紀還大，人生經驗還要豐富，卻陷入低潮的個案。

因為同為貧窮，所以她能感同身受於社會對於貧困者的不友善，她會看見相較於自己的努力，她的個案常出現對未來毫無規劃，不知節制，或者為了雞毛蒜皮的事情吵架。但她在此時，又因為自己的專業訓練及職業而看見社會上的老年貧窮和年齡歧視，而更清楚自己的侷限和社會的壓迫。這裡面還有自己的處境：社工是在台灣低薪且過勞的一群人。由近貧者照顧赤貧者，一個社工就這樣地陪著這些無家可歸，社會不願意多花點理解的人們活著、走著。

因此，在李佳庭的筆下，整本書必須從萬華寫起，藉由社工的筆觸，我們看到的是一個和媒體上不同的城市面貌。老人和無家者群聚的艋舺公園，在她的筆下卻是台北最溫柔擁抱著每一個來到此地的人，觀音菩薩聞聲救苦的龍山寺在白天時，承接著所有人的祈願。無論貧富貴賤，凡願意的，都可以到這裡來，而在我眼中的艋舺夜晚，大悲尊者座前公園也接受所有的人白白來住。我想佳庭他們所做的事，就是未來人們說的使徒或者護法吧。

但是現實遠遠更為複雜，我等沒有神通，我看見的社工也滿身傷痕。

這不是一本無限關懷無家者的書，更不是政令宣導和社工系入門教科書文，這是一本真實的第一線觀察紀錄。你在本書中接下來所看到的個案，都是活生生的人，既然如此，他們也會有情緒，也有自己的人生和過往的記憶，他們並不是書中所寫到的「感人肺腑小故事」，更不可能完全沒有情緒的受助者。他們會在賺到錢以後喜孜孜地跑來和社工分享，也會在酒後對著社工進行情緒勒索。

在我的理解之中，協助弱勢者的方式有三種方向。第一種是直接給予資源，要錢給錢，要衣服、食物就給衣服、食物，要醫療照顧就給醫療，這方法最好，也最直接、有用，可是凡人不是神祇，沒有神蹟大能，也沒有這麼多的資源可以不間斷地挹注。第二種則是鼓勵自身的改變，鼓勵需要被協助的人進修，或者學習某種技能，藉以改變自己的未來。可惜這些常淪為口號，或者變相指責弱勢者不夠努力。第三種則是改變社會結構，希冀用文字、圖片或者演講來改變社會大眾對於弱勢者的看法，又或者是爭取社會資源，來營造更友善的環境，但這方式所需的時間最久。

這三個方向都有其功用，也都有其侷限，唯一能夠三者共同使用並且嘗試的方法，只有花時間進行大量的陪伴。

因此，李佳庭等人的陪伴極為珍貴。有了陪伴以後，直接給予資源才不顯得突兀而失禮，建議的工作和鼓勵，也才可以避免冒犯和傷人，也因為長時間的陪伴，才能知道這些無家者的故事，才有辦法說服社會大眾摘下偏見與歧視的眼光。

這也是我在認識佳庭以後學到的最重要的事情，諸如安全感、同理心、勇氣、慈悲、犧牲，都不可能透過上對下的教育，或者承諾達到。只有透過陪伴和相處，人性的善良和美德才有可能被看見，並且挖掘，也只有陪伴能夠稍稍緩和孤寂和空虛，能讓人在面對寂寞和失落時多一點勇氣。人們常說台灣人善良，卻常不知道該如何運用自己的善良。台灣人隨時可以行善，卻難以改變自己的偏見和觀念，因為我們不常有這樣的紀錄和書寫。

還好，我們有了一位年輕並且坦誠的社工。

在她筆下的每一個人，沒有全然的潔白，更沒有全然的灰暗，連同她自己都有矛盾，都會喪志灰心，也因此，這本書挖掘出在城市街頭之中，那褪色人生之下的光輝。

我誠摯地希望每個人都能看見社工如何用陪伴，改變這個社會。

【推薦序二】難以言說，但又轉瞬跳躍的「生命」光影

黃克先（國立台灣大學社會學系副教授）

當今台灣社會雖走向多元、平權，但對於某些群體仍然帶著有色眼鏡看待，因此在與他們的日常互動中，仍帶著某些偏見及歧視性對待，例如本書中的一組服務關係中的兩端主角：社會工作者，以及無家者。前者，常被誤認為和「志工」、「義工」無異，是群「（徒）有愛心」而說不出有什麼專業的人；後者則常與「好吃懶做」、「為非作歹」劃上等號。但透過佳庭社工的現身說法，細緻、真誠地描寫她幾年下來與無家者工作的經驗及觀察，讀者能清楚看到，社會工作的「專業」及價值在哪裡，無家者也是有血肉、敢愛恨、持夢想、願追求的人。他們在很多面向上與我們無異，有很多時候，則更為堅毅勇敢、誠懇實誠，只是在追逐成為「成功人士」的路上，遇到了各種不順遂及意外。

同時，本書並非遊民社會工作教導的手冊，也不是一味為無家者塗脂抹粉的光明正向敘事。佳庭透過一則則時而幽默，時而帶著酸楚的短篇小故事，真摯地描繪著每個人的臉孔及心意。讀完，彷彿能感受到那種難以言說，但又轉瞬跳躍於你我周遭的「生命」光影，讓我們直面人生汪洋裡，各種酸甜苦辣及不確定性帶來的偶然。即使你或許並非特別關心無家者或社工處境的人，也能從閱讀中感受到樂趣。

從這本書中，也可進一步反省台灣社會工作者的處境。在台灣社工界裡，遊民工作一直是邊緣中的邊緣，不但在人物力資源的投入上，遠不及其他如兒少、老人、身障等領域，在社會工作從業人員心目中，遊民工作也是傳統上的「屎缺」（這不僅是比喻而已，有時正是字面上的意思；我所認識的台北市遊民工作者時不時得處理服務對象的糞便問題，頻率遠高於其他領域社工），鮮少有人自願擔任這樣的工作。究其原因，與服務對象「難搞」；許多時候需要外展到公共空間，而無法待在辦公室裡做個案管理；民眾投訴多而難解決；下班時間常需要on call；遊民及遊民社工帶著的污名有關。

若更深入地看待遊民工作的困難，對比鄰近國家，如香港、日本，乃至於遠一點的美國，會發現遊民社會工作之不易及不可欲，很多時候與台灣社工訓練的特定偏向有關，例如強調個體主義式的個案管理（而非社區工作或其他可能）；預設案主是有固定居所，而不是「趴趴走」；與國家高度合作下的專業化走向（透過制式教育及考試制度，潛在排除了另類社工實作的可能）；國家福利體制對於單身無家底層男性的不重視。

然而，或許因為遊民工作領域的邊緣，倒也成就了一個專業化大趨勢下的飛地。在這裡，匯集了各方英雄／雌豪傑投身工作。他們也有不少人深具專業素養，但同時也極具反身性及能量，開發出了各種令人驚豔的創意實作。近年來，更結合了社會企業、宗教慈善、學校教育、企業社會責任等不同領域的力量，逐漸形成了完整、有彈性、具多元包容及反思能力的服務網絡。

其中，佳庭服務的芒草心協會就是具代表性的組織，其推出的方案，如街遊、真人圖書館、起家工作室，不僅能增加無家者的經濟收入，同時也著眼於打造他們的社會關係，並維護尊嚴，同時進行社會對話及議題倡議。

誠願這些服務無家者的第一線社工誠懇無偽的告白及反思，能提供台灣社會工作進一步發展的養分，也能讓你我對無家者、經濟弱勢的議題，有更深的認識。

【前言】溫柔的艋舺公園

雖然很多觀光客覺得艋舺公園很恐怖，但我很喜歡那裡。

春天有九重葛花瓣雨，夏天有盛開的大花紫薇與黃金色阿勃勒花串，秋天則是橘紅到像燃燒的鳳凰花。冬天的艋舺公園有什麼花，我倒是沒有印象，因為我的注意力都被艋舺公園與三水街交叉口的超便宜芋頭粥吸走了。

抬頭的花景美好，人間的風景也很好。

很多老人家與身障者推著輪椅在這裡聚集。他們通常很無聊地在發呆，有些人賭棋（警察也在旁邊密集巡邏著）。

很多老人會很強調他們不是街友，他們是特地從三重或板橋搭車來這裡看人的。

一開始，剛來艋舺公園，的確會覺得怪怪的。這裡休息的人和東區或西門町的時尚少年、少女，或大安森林公園裡面穿著較體面的人差距很大。他們年紀大，穿著也比較破舊。但你再停留久一點，你會喜歡這個公園，這是一個溫柔的公園，她的懷抱中接納了老人，與沒有家的人。

但許多人不這樣覺得，他們認為就是因為艋舺公園有很多遊民聚集，所以「這個問題應該被處理」。主張驅趕、潑水當然是很不人道的做法，所以社會局採取了許多專案與措施，例如警方加強在艋舺公園巡邏，因此這裡見警率很高。

而社工也常常到艋舺公園探訪，有新面孔的遊民，就會聊聊有什麼可以幫忙的地方，需要安置的話，社工會協助找到住所，甚至還不用社工出面，這裡的人就會叫你去梧州街36號（註）找社工了。

不想接受安置，睡在公園的遊民，他們的家當也會在每個人領到一個袋子後，打包好，然後在公園分成幾個點，集中管理。等到晚上八、九點可以睡覺的時候，遊民會取走袋子，並在地上打開鋪蓋，好好休息。隔天早上五點半起床後，他們會再打包後，將袋子放回去，接著去旁邊的廣場排隊，等著上工。接著就會有許多老人家早上起床後，從家中搭車來艋舺公園，開始新的一天。

城市是屬於大家的，盡最大的努力，讓所有人都能好好在這城市生活。

以前，艋舺公園的地下二樓曾經有一個很酷的地方，有許多的老人家會在那裡看電視、喝茶、唱歌、跳舞，但很多人覺得那裡暗暗的，很可怕，後來就被改造成了開放、乾淨、充滿文創氣息的商業空間了。

那些看起來窮窮老老的人沒有了，大家可以放心了，但那裡也沒有人了。

然後大家開始檢討起為什麼地下二樓沒有人，一定是因為標示不清楚的問題。一定不是因為我們把原本在那裡的人趕走了的緣故。

另外，青草巷也被檢討了，覺得那裡舊舊、亂亂的。事實上，我帶著遊客導覽的時候，大家都很喜歡青草巷有機的氛圍。

一走進去，撲鼻的青草味。抬頭時，上面掛著像外星球的果實，低頭時，也滿滿的草藥。

老闆熱情地問你要買什麼，你可以跟老闆討論你的狀況，老闆會給你建議，之後你帶著天然的花花草草，回家煮茶喝。

你的感官會很忙，而我很喜歡。我希望這裡不要變成棉花田生機園地那種風格，那樣的店，已經很多了。

萬華，是個溫柔的地方，包容著很多很多不一樣的人。老老的人，年輕的人，有錢的人，沒有錢的人，有家的人，沒有家的人。

我其實很難過。很想問，因為不好「看」，觀光客會害怕，所以不值得出現在這裡嗎？如果拆了艋舺公園，或辦很多熱鬧活動，想辦法讓這些不體面的人不要出現在這裡，那他們要去哪裡？

而龍山寺已經很多觀光客了，這樣還不夠嗎？艋舺公園也要更觀光取向嗎？我們到底要觀光到什麼程度？

我們能不能讓觀光客看見，這城市除了光鮮亮麗以外，還有溫柔的那一面？

〈起初他們〉◎馬丁・尼莫拉

當納粹來抓共產黨人，我保持沉默。
——我不是共產黨員。
當他們關押社會民主黨人，我保持沉默。
——我不是社民黨員。

當他們來抓工會會員，我沒有抗議。
——我不是工會會員。
當他們來抓猶太人，我保持沉默。
——我不是猶太人。
當他們來抓我時，
再也沒人為我說話了。

——來自於維基百科https：//reurl.cc/2g8Dm

註：台北市萬華社會福利服務中心。

目錄

輯三 困境・省思

◎輯四　社工心內話

故事的開始

我在一個非營利組織——芒草心慈善協會當社工，而社會倡議是我工作的一部分。社會倡議聽起來很厲害，但其實也沒有，就是澄清大眾對無家者的污名與誤解，讓無家者自己說自己的故事，被更多人看見。

於是，我很常出去簡報或是街遊（註1）。與遊客互動時，我會跟他們說無家者不是好吃懶做、不是不願意工作、不是像大家想的那麼壞等等。因為講過很多次了，有時候腦子裡就像裝了開關，按下去，就會跑出很多政治正確，聽起來很弱勢關懷的話。我甚至有時候一邊想著其他事情，一邊放任嘴巴自己動。

不過，其實有很長的時間，我覺得我在欺騙大家。

我的個案就是不想工作啊！我陪他去就業服務站，為了改善他在意的外表，幫他染髮、幫他填表格、載他去面試、拜託老闆錄用他，最後，他說太累，連嘗試都不願意，所以老闆錄取他，他還是沒去上班。之後，無論我怎麼勸，他卻連跟我去找工作的時間，都不願意開給我了。

但，我還是必須一再地跟社會大眾說：「無家者大多是因為健康狀況、年齡、學歷等因素，而被主流市場排除，並不是他們天性懶惰。」就算個案們再怎麼機車，例如，不珍惜我替他媒合的工作機會。上班兩小時，因為圖書館不能抽菸，就飆罵清潔公司主管三字經而離職。努力存了很久的錢，因為又跟人打架而賠光光，而我也曾經發生晚上留在辦公室，被拿著大鎖的個案找上門來……

每一次發生這些事，我都只能在腦中，一直不斷告訴自己，這是個案，不是每個人都這樣。這些是例外。

我努力把社會大眾覺得感人的事情寫在粉絲頁上，但我並沒有說出自己被破口大罵，走離開個案很遠後，才蹲在西門町的人行道旁邊大哭的事情。

我努力呈現他們閃閃發亮的地方，用力忽略那些讓我傷心的部分。但，這樣實在太累了，我沒有正向到那種程度，我也是會難過、會受傷、會哭的人，我沒辦法擠出那麼多光明面給大家看，所以我的文字生產愈來愈少，我也愈來愈不喜歡自欺欺人。

我甚至對自己生氣。

為什麼我沒辦法像Carl Rogers（註2）一樣有同理心？

為什麼我不能全然的接受個案的真實樣貌？

為什麼我是這麼差的社工……

不管發生什麼事，其實我並不氣個案，我最氣的是對個案生氣、嫌惡、疲倦的我自己。

於是，我開始叫自己不要那麼硬撐了，我寫不出來溫馨感人的小故事，就是寫不出來。違心的話，就不要說。當我不再勉強後，我反而更有餘裕去思考那些遊民壞脾氣，或我認為他們做了壞決定背後的原因。

雖然，我目前還是沒辦法寫出街友溫馨感人的小故事，但心情的輕鬆狀態比努力正向，努力假裝心裡住了Carl Rogers，好了很多。

我現在一樣整天唉唉叫，但至少叫得很暢快。我演講一樣是講那些，但我開始不避諱去談政治不正確的部分。是啊，就是有街友不工作，就是有街友脾氣很壞。但你仔細想想身邊的人或你自己，你應該也有認識類似的人吧？他們的差別，只是有沒有家而已。

無家者不是乖寶寶、小白兔，他們有他們的算計，他們有他們的純真，他們有時候很機車。

他們就是人，我也是。

這就是我每天服務的對象。

註1：指協助策劃以街友為導覽者的「街遊」導覽行程。期盼更多人能透過不同、多樣的視角，走入台北，了解街友的生命經驗，並打破諸多對街友不友善的刻板印象，改善污名。

註2：卡爾・羅傑斯（Carl Ranson Rogers，一九〇二——一九八七），二十世紀美國心理學家，人本主義的創始者之一。

輯一

無家者

佳庭陪小胖去演講。這是小胖第一次在500個人面前上TED，雖然沒有講得很好，但很替他開心！（右為小胖）

阿北的自由

我在洗車場旁邊的廢地發現阿北。阿北平日睡在人行道旁邊的木棧板上，下雨就改睡洗車場的鐵皮寮。

最近氣溫低，阿北前幾天感冒被送醫。剛從醫院回來的阿北，正在看馬路發呆，精神不錯。

按照慣例，我先自我介紹。接著，我問他的姓名、生日、戶籍地與家庭支持，還有露宿史等，結果，我發現了一件有趣而能切入會談的事。

「阿北，明天是你生日耶！」

「明天是十月初十喔？」

「對啊。我要唱歌給你聽，祝你生日快樂，祝你生日快樂，祝你生日快樂～祝你生～

日～快～樂。」

我唱得很開心，阿北抓頭傻笑，試圖阻止：「麥安捏啦，哇欸拍謝，金故嘸郎安捏啊……」

但菜鳥李社工我那麼白目，而且阿北害羞，所以我唱得更嗨了。

「阿北，生日可以許三個願望喔。第一個願望，你想許什麼？」

阿北看著他養的超肥天竺鼠——大寶、二寶、小寶，與兩隻狗阿花、小黑，「我想要安居。」

「太好了，阿北，你第一個願望馬上就可以實現喔。我們那邊有老人安養院，裡面有人照顧你，煮飯給你吃，還可以種花、種菜、打麻將、唱卡拉ＯＫ。我之前去過喔，連我都想住了。阿伯，你都六十九歲了，睡這裡，太辛苦了啦。接下來，冬天會很冷喔。」

廢地鋪滿陳年的鳥屎，上面都是垃圾與廢材。我看著和貓一樣大的灰鼠跑過去。

「我想要安居，在『這裡』安居。」阿伯用手比劃著此地強調。

這裡有他的老鼠、他的狗，還有會給他東西吃的好心路人，以及他熟悉了二十幾年的生活環境。

他淡淡的說，這裡有任何地方都沒有的，自由。

「那阿北，你的第二個願望呢？」他堅定的眼神讓我知道，再多說什麼，都無法說動他離開這裡，除非他哪天身體不行了。

「第二個願望喔……快快樂樂吧。」

「那你現在快樂嗎？」

我蹲在地上摸他的阿花。阿花是阿北餵食的流浪狗，鬍子都白了，正在舔我的手。

「快樂啊。」

阿北看著他稱為家，我們稱為垃圾堆的地方。一派輕鬆，笑笑的說，他很快樂。

「阿北，第三個願望不可以講出來喔。你偷偷跟神明說就好。」

「厚。」

「你騎車路上小心喔。」

阿北和阿花、小黑、三隻超肥天竺鼠、灰色大家鼠，與阿伯親手栽種，如雜草的地瓜葉，目送我離開。

我不知道阿北的生活可以維持多久。他前面蓋了好幾棟豪華大樓。阿北日後一定會被路人反覆通報。

我可以用「個案無安置意願」，幫阿北申請老人低收入戶福利的資格。麻煩的是，阿北名下有子女，而他們早已多年沒有往來。若要幫他申請低收入戶，勢必要先替他打撫養官司（註），而官司曠日費時。以往曾有個案的官司，纏訟兩年都還沒有結果。如果幫阿北打官司，那麼這段時間，阿北要住哪裡。如果是比較硬派的社工來處理，可能會以他繼續露宿於此處，會有危險等理由，進行老人保護安置。

我們能把阿北的生活，視為一種生活方式，但社會上的很多人，不能。他們覺得危險，可能也覺得這對露宿者危險，最好社會局通通把他們強制安置。

如果真的那樣，說不定阿北可以活在衛生條件較好、風險較少的收容所或安養中心，但他的老鼠、他的狗、他的地瓜葉與他的自由，也都沒有了。

註：低收入戶的審查是採計家戶總所得，因此子女的收入也會被列計，這通常就無法通過低收入戶認定。以此文的阿北為例，解決的方式，是法律扶助協助阿北提告子女棄養。當法官認定當阿北當年真的沒有撫養事實，判除免撫養義務，才能不採計子女所得，也才能申請到低收入戶，領補助金。

終於有家了

兩週前才領了一萬多元的阿鴻，又打電話跟我抱怨沒錢了。

我在阿鴻家，談完明年預備要申請低收入戶資格的事情後，切入正題：「阿鴻，你說說看，你那一萬多塊錢是怎麼花的好嗎？」

我表面上很溫暖的模樣，但內心其實非常火大。

阿鴻爽朗地說：「不只一萬多塊啦。我妹妹還有給我錢，總共兩萬多。」

「那這兩萬多，你、是、怎、麼、花、的、呢?!兩週花兩萬，真是不得了啊！」

阿鴻沒有注意到，眼前笑咪咪的社工我，已經萌生殺意。

「我就回去我女朋友那邊。她有六個孫子，我一個包兩千，六個就一萬二。我妹妹兩個小孩，也是一個包兩千。妹妹不可能跟小孩包一樣，再多一千。」

「一個小孩包兩千?!有必要這樣嗎?那你自己怎麼辦?」

剛剛才談完申請低收入戶的事情,現在阿鴻的花錢習慣又切換成財神爺模式。我感到血壓飆高了起來。

「我自己沒關係啊,反正我怎樣都能活。我肚子餓的話,喝水就好了。長輩總是想把最好的都給晚輩。你不知道啊,我回去的時候,那些小孩子叫我『阿公』,他們真的好可愛。我好想一直抱抱他們……」

阿鴻望著空氣,臉上露出這世界上最幸福的表情。

如果你看著他的臉,你就會理解那句「阿公」對阿鴻而言,是牧羊人的呼喚。呼喚阿鴻這隻在外流浪已久的羊兒:該回家了,該回家了。

而當了二十多年無家者的阿鴻,終於有家了。

「和孫子相處,開心嗎?」

「開心啊。當然很開心啊!」

阿鴻的孫子如果知道阿鴻的經濟狀況差到要申請低收入戶,一定不會收下紅包的吧?

我心想著。

不知道阿鴻的孫子怎麼看待阿鴻的呢？一定覺得他很囉嗦吧？不愛戴助聽器，總是自顧自的講些一百年前的老哏冷笑話，活在自己的世界，也不管別人要不要聽。

但這樣囉嗦又煩人的長輩，可是窮盡一切，把自己最好的都拿出來了。

雖然兩千元紅包在一般行情裡沒有特別多，但那是他與晚輩熱鬧團圓完，回到自己平淡的生活後，得喝好幾餐白開水裹腹的心意啊。

我還有長褲……

阿鴻的記性一向不太好。我擔心他找不到路，錯過了時間，所以下午陪著他一起去辦事情。

天氣很冷。

「阿鴻，你午餐吃什麼啊？」

「我沒吃。」

「為什麼沒吃？」

「我以前當大卡車司機，身體可以很久不用吃。呵呵……」阿鴻又拿出唬人大學的架式。

「少來了，是不是又沒錢了？」

「對啦，我身上剩三十幾塊……」

「我肚子餓了。你陪我吃。」

「不要喔！我不吃。」

結果阿鴻還是和我一人拿著一塊熱呼呼的蔥肉餅，閒聊的吃了起來。

……

阿鴻最近應酬多，每週領的薪水很快就都花光了。

阿鴻花錢總是很大方，「我看那個XXX很辛苦啊，就借他五百，叫他不用還了。跟主耶穌相比，我這樣的行為，不算什麼。」

我每次只能苦口婆心的勸他，要先照顧自己，替他強制儲蓄。

在快走到公車站時，地上有個穿短褲乞討的男子。

「天氣這麼冷……」剛剛才說身上剩三十幾塊的阿鴻，走上前去，把口袋裡全部的零錢都掏出來，蹲下來，放進碗裡。

阿鴻對著乾號的男子說：「願主耶穌保佑你。」

阿鴻離開後，繼續阿鴻式的喃喃，「天氣這麼冷，我還有長褲，我還有外套，還有這個美味的肉餅可以吃，希望他也能吃到這個好東西……」
這就是阿鴻，善良無比的阿鴻。

社工後記：

我每次都會被這些傻瓜給感動到。

我沒有說出來的是，我那時候其實很猶豫是否要阻止阿鴻掏錢。我很想跟阿鴻說：「這些乞討的人，很多都不是真的乞討。你看他的腳，雖然沒穿鞋子，卻很乾淨，所以很可能是假的，他的收入可能還比你多。讓我回去跟社福中心反映，這裡有疑似需要幫助的人，讓專業的社工來協助他，會比較好。」

可是，我還是把這些話吞回肚子裡。

我默默的看著阿鴻，真誠的做他想做的事情。

因為，我連自己想講出來的話，都不相信。

萬一眼前的人，是真的需要幫助的人呢？萬一他名下有財產或有子女，所以不符合得到福利的標準呢？萬一他就是真的想乞討維生呢？萬一他就是社工無法協助的類型呢？

而**蹲下來把一切與他分享，就是現在的阿鴻能做到的事**。

我到底為什麼要阻止阿鴻呢？如果我們每個人都能立刻去做眼前做得到的事，我們這個社會會有更多人得到幫助吧，而不是像猶豫的我這樣。

我徹底被阿鴻的善良光波給打到了。

好到不能再好了

在我剛開始擔任社工的菜鳥時期，我常常被做不完的事情，壓得喘不過氣來。有一次，我還直接在辦公室抱著寫滿待辦清單的小白板哭了出來。

我跟督導說：「我覺得我好廢，事情都做不好……」

那時，我偶爾會偷偷在心中想著以前高中老師說的，「社工是一群人手牽手，走很遠的工作。」覺得那根本是遙不可及的夢想。要是四十幾歲還在領聯勸（註）的補助三十四K薪資，到底是除了走到人間修羅場以外，還能走去哪裡。

但隨著工作時間的累積，我的臉皮也愈磨愈厚。現在想起那時候哭到眼睛紅腫的自己，只會覺得也太可愛了吧。工作沒做完，不是常態嗎？哭什麼純情百合花。

社會工作會消耗掉很多心理能量，因為你幾乎不會在他們身上聽見什麼好故事。每個人顛沛流離的一生，在你面前都是流浪結尾。因此，那時候的我，常常下班後，立刻換裝去約會，用粉紅色的能量補回來。不過，如果和曖昧對象約會一次可以補一顆星星，從個案身上，我卻可以補五顆星星回來。

第一次補五顆星星，是在某個遊民中途之家的時候。中途之家把個案照顧得很好。以前在街頭骯髒、面黃肌瘦的他，白白淨淨的在我眼前好好吃飯。

我從來沒有這麼滿足而專注的看人吃飯過，我覺得很好，而他也是這麼對我說的。後來和男友交往到老夫老妻模式後，我從攝取粉紅色能量改為攝取熱量，畢竟也沒這麼好，天天都在過年的，哪來這麼多五顆星星。個案氣死你，反而比較接近常態。

前幾天，我一如往常的去個案阿鴻家探訪。流浪了二十年的他，雖然租了房子，但家裡還是破得跟鬼屋一樣，經濟狀況也不好，所以我常送物資過去。

我手上的個案們幾乎每個都很愛發散，聊天聊到外太空去，我其實常常外表在點頭，貌似聆聽，但心中在不耐煩的盤算時機，準備切入我要的正題。

阿鴻：「我當初八年抗戰#¥&*——」

我打斷他：「好。阿鴻，你最近過得怎麼樣？身體跟生活都還好嗎？」

剛動完手術，滿口無牙的他笑呵呵，繼續說：「好啊，好到這是我來台北幾十年，過得最好的時候了。我有住的地方，有東西吃，有穩定工作，還有人陪。我好到不能再好了。」

雖然知道個案愛誇大是他的習慣，但當他說完這一段話的瞬間，我卻愣住了。無預期接到這番話，我的心就像喝了一大碗黃澄澄、用太陽熬成的濃湯。暖暖熱熱而踏實的能量，讓我毫不猶豫的決定：「OK，我願意繼續走這條路十年。」

回到辦公室後，我很開心的和主管分享這件事。

我說：「雖然知道他又在糊弄我，說不定，他明天又跟我靠么沒錢了，但我一想到，他說他過得很幸福，我也覺得我好到不能再好了。」

主管好奇的問：「為什麼他過得好，你這麼開心？」

被主管一問，我才發現，咦？我完全沒想過這件事，就好像沒思考過為什麼搔腳底會笑出來一樣。

「嗯……大概是因為，這是一件很不容易的事吧。一個人要過得幸福，那是很多、很多人，一起努力出來的。」

回答完，我猛然想起以前高中老師的話，「**這份工作，就是一群人一起手牽手，走很遠的工作喔。**」

高中老師說的，一點都沒錯呢。

註：中華社會福利聯合勸募協會（United Way of Taiwan），簡稱聯合勸募，是一個匯集專業人士，將社會大眾的「愛心捐款」做恰當分配，以發揮最大效益，嘉惠更多弱勢的組織。

無家者發紅包

無家者裡面形形色色，什麼人都有。有年輕的，也有老的。有窮到要被鬼抓走的，也有像光伯這樣笑呵呵、要發錢的。

事情是這樣的，要過年了，個案們先前都被社工強制儲蓄，因此也有了一小筆存款。接下來就是除夕夜，社工這禮拜就從兩位個案的存錢筒中，各提領了六千元出來。他們拿著薪水與六千元存款，笑得合不攏嘴，盤算著要如何使用這筆錢。

⋯⋯

下午，光伯喜氣洋洋的拿著四個紅包走進辦公室。

「給你。」

「給你。」

「新年快漏。」

「幫偶拿給他。」

光伯塞給工作人員一人一包紅包，與平時愛叫嚷著沒錢的他相比，彷彿是平行宇宙的另一個人。

其實，專業倫理規定我們不能收受個案的金錢，但不收，光伯一定會覺得這是不給他面子而惱羞成怒，憤而拿這筆錢去買舞廳的券或買糖果，請路人、小朋友吃花光光。因此，工作人員很有默契地互看一眼，紛紛向光伯道謝，收下紅包：「光伯，謝謝喔！」

等光伯離開後，我們迅速拆開紅包，收下紅包袋後，把錢全部抽回，交給主責社工，存進光伯的帳戶。

但當社工在計算把紅包塞回光伯帳戶，總共有多少金額時，光伯卻像鬼魂似的又突然冒出來：「我還要存五千喔！」

社工慌忙把紅包錢藏在身後，怕被他發現大家又把紅包內的錢退回，若無其事地對光伯說：「存錢很好啊！來來來，我們來存錢。」

於是光伯的帳戶又恢復RichRich水位，大概可以支應一個月失業的生活費與房租。

有些工作人員甚至曾在月底偷偷感嘆：「我的帳戶都沒有光伯那麼多錢耶……有提款機可以領百元鈔出來的嗎？」

「不要這樣啦，我請你吃飯吧。」我們發揮同事愛與實踐社會支持網絡。大家也要加油，不要輸給光伯了啊。

巧克力麵包

要讓街友就業，真的不容易。

年輕的街友，氣盛。在職場上，與人摩擦幾次，便嚷著不幹了。年紀大點的，總是這裡痛，那裡痛，身體負荷不來。想做，也做不久。

年紀更大，又不到六十五歲的街友最辛苦。他們是非老、非殘的福利邊緣，屬於工作人口，但又沒有雇主要用一個六十幾歲頭髮斑白，一不小心就擔心弄傷他的老爺爺。

阿源就是後者。

阿源講話慢慢的，他常常看著我，憨憨地笑著說：「社工，你來了～～」

阿源明明想跟我講話，但又不知道要講什麼。在我值班的時候，就趴在我的ＯＡ隔板上，問我吃飽了沒，怎麼這麼晚吃飯等等。

阿源是別的社工的個案，我不打算深入會談，但就是覺得他很可愛，喜歡陪他瞎扯淡。

我聽著阿源說找工作有多難。大家看他老，只請他等候通知，都沒有人要用他。

阿源講到沮喪時，整個人像被遺棄在角落的熊布偶。垂著頭，盯著自己的大肚腩，我幾乎可以看見灰色的漫畫背景。

我也無法多說什麼，只能鼓勵他。跟他說，就服員很努力幫他找工作，而在等工作的這段時間，他可以先把身體養好。

我自己也知道這些回應沒有用，但總不能社工與個案一起消沉吧。

這一天，阿源的心情特別好。

「他怎麼了？」

「阿源今天發薪水喔。」

「這麼好啊？」

阿源笑咪咪的拖著腳走過來。「社工，我請你們喝咖灰！」

「不用啦！你自己把錢留著！」我和社工幾乎是同時大叫。

阿源愣了一下，「那我出去買麵包~」

阿源慢慢又努力的走出機構。

「買麵包？」這下換我困惑了。

我們安置機構什麼沒有，就是捐贈的麵包最多，多到街友看我們發麵包都會嫌棄的程度。

阿源的社工認真的說，「他已經過零元生活好久了。因為沒有賺錢，吃、住也都在我們這裡，不需要用到錢，所以我都沒有給他。他也不會像其他人一樣跟我要，我解釋給他聽，為什麼沒給他錢。他點點頭就走了。」

阿源是少見不索討的個案，讓我對他的好感又多了一分。

「他每次回來都會經過巷子口的麵包店。他說，玻璃窗裡面的巧克力麵包好香。他看很久了，可是他沒有錢買。」

我和社工皺眉，交換了一個不忍心的表情。

「如果只是一個巧克力麵包的話，那我們也可以……」

阿源的社工繼續說，「我也是這樣跟他講啊。可是**他說，不要。他要用自己的薪水來**

買。」

我的天啊，這不是勵志小說才會有的八股台詞嗎？但當它真的發生在現實世界裡的時候，我還是亂感動一把的。

「這一定是個很美味的巧克力麵包吧。」我和社工沉浸在感動的餘韻裡。

等巡房回來，我看到餐桌上放著一塊核桃酥。

我困惑的看向社工。

「巧克力麵包賣完了，所以他只好買核桃酥。」

兩個社工又壞又無奈的笑了。

老天爺啊，為什麼你要這樣作弄阿源呢？

搬家

上週五，我去幫光伯搬家。

幫光伯搬家是很考驗鼻腔與ＥＱ的事。光伯的家，位於不通風的五樓頂樓加蓋，連晚上也高溫三十四度，更不用說是白天了。

光伯的房間旁邊緊鄰一個巨大水塔，日夜都有嗡嗡聲，很干擾人。而因為房間不通風，光伯又很會流汗，所以房間的氣味非常逼人。

光伯就在這樣的房間裡住了兩年，一直到上個月，光伯病倒在房間裡而沒來工作，他手機又愛弄丟（現在這支是我們給他的第五支），或開飛航模式而找不到人。我們去光伯的房間看他掛了沒，力勸他搬離這個地方。

「我也有過這樣的經驗耶。」人生百味的創辦人之一阿勇，看著半空中回憶著。

「那時候，我剛上來台北。夏天很熱，我住的頂樓加蓋沒有冷氣，我又生病了。我就那樣一整天待在房間裡面，哪裡也不想去，也沒有動力做任何事情。」

光伯那一陣子的狀況，完全就是這樣。

我拿著冰涼的愛玉去看他時，他毫無精神的躺在床上。我怎麼勸他去看醫生，都沒有用。

「媽媽說，生病的時候多休息，吃個仙草就好了……」然後光伯抽抽噎噎的蜷起身體，哭了起來。

他的房間明明只有小小七坪，但這時候卻突然變得好大。

我想起他的手機通訊錄，裡面除了我與志工以外，沒有別人了。

他非常孤單，在心情上與實質生活上，都是。

那一陣子，我很擔心光伯會死。

光伯手機又不開機，我只好三天兩頭就去他家堵他。

我也一直叫他搬到我們辦公室樓上。這樣，若他倒在房間裡，至少還有我們能發現。

「鬼月不能搬家啦。」光伯病好後，痞痞的這麼說。

我很想立刻讓他變成鬼，但我是社工，我不能這樣。所以我們約好了一個時間，我去他家，幫他載東西。

光伯真不愧是好野人（有錢人的台語）出身，一個二十四吋的行李箱只放了兩件西裝外套。西裝外套連摺都沒摺，就說放不下了。

光伯雙手扠腰站在門口，像個沒事人一樣，任性的要我替他想辦法。我再度想讓他上西天，但我是社工，我EQ好。

我忍著揍爆他的衝動，在悶熱的雅房裡，幫他把整個房間的東西打包完畢，再送上計程車，回到辦公室。

「你出門一定要關門，不能讓貓跑出去，不然我會很生氣，很生氣喔！」

我對光伯千交代、萬交代一百次，然後告訴他，不能尿在馬桶蓋上、工作人員上班時不要一直來找我們聊天、不要在房間裡抽菸、要好好和隔壁房的小胖互相照顧。

光伯笑著說：「好好好。」

小胖其實前一陣子精神也相當萎靡，跟他講一句話，往往要隔好久才會有回應。我為了增加小胖與遊客的互動，還特地做了扇子，讓遊客對他發問。小古社工說，他覺得小胖是因為離開艋舺公園的社交圈，讓他的生活動力降低了。但今天晚上我到辦公室拿物資，要載去給阿鴻時，看見光伯精神很好的在外面抽菸。

「你住得好嗎？」

「很好啊！」

「有和小胖好好相處嗎？」

「有啊！他都會幫我買飯。」

「你有給小胖飯錢嗎？」

「有啊，我還會叫他錢不用找了。」

光伯在辦公室裡嘰嘰呱呱的跟小胖講，有個胖女人養了一隻胖鬆獅犬的故事。光伯笑得樂不可支，小胖也笑著回應他。

他們兩個人的精神看起來非常好。

我蹲在祕書長旁邊開抽屜時，偷偷指著小胖與光伯聊得很開心的畫面。

「我覺得他們這樣很好，雖然很吵。」

祕書長也笑著跟我補充：「對啊，現在每天下午小胖回來，都會跟光伯兩個人一起在樓上吃飯、看電視、聊天。聽他們聊得很開心，真的很療癒。」

我突然也開始羨慕起他們倆了。

因為在生命的這一個段落，有一個一樣是辛苦過來的人（雖然很吵），能**彼此作伴，繼續在人生這條不容易的路上，走下去。**

這是我的生命

中午，老鳥李社工帶著菜鳥李社工我，去探訪睡在露台上被民眾通報的遊民。我們的任務是讓他回家。一來是颱風快來了危險，二來他的存在，讓夜歸女性緊張。

老鳥李社工花了很多口舌說服他，終於讓他點頭答應，回老家住。但當我們帶著他要離去時，他又回頭，走到裸露的H形裝飾鋼柱後面，把皺藍色的紙菸盒，塞進縫隙。

那裡已經塞了十幾個空菸盒。菸盒裡有撿來的菸屁股。

「這裡有三塊錢喔！我撿來的三塊錢。」他並為了該帶走幾個菸屁股與三塊錢而認真煩惱。

「那些都不用帶啦！以後你找到工作賺了錢，這些給你，你都不要。」

中午很曬，機構接送的工作人員在等我們，老鳥李社工勸著。

他又調整了紙箱與空菸盒，拿起一包像狗屎的東西。

「這是我撿來的榨菜，要帶走。」

「不要吃這個啦！我們那邊有很多。」

但他依舊把那包髒兮兮的榨菜，塞進褲襠完全破開的褲子裡。

他慢慢踱回棲身的牆角，蹲下身來，仔細的撫摸、調整被他睡黑的紙箱板，再將紙箱一一對齊地磚隔線，小聲呢喃：「這是我的生命，這是我的生命……」

這些他視為珍寶的東西，等一下就會有清潔人員來當成垃圾，全部丟掉了。

就算放著，颱風的雨水，也會將之浸爛、吹走，就像他的存在一樣，像早該被清除的垃圾，不留痕跡。

禮物

個案像貓一樣，三不五時就會叼來給你，你不需要的禮物。

例如，不知道離開冷藏多久的優格、二手的舊塑膠珠珠手環、成分不明的臉部保養品、整顆連皮的大梨子等等。

在學校的時候，老師就曾經告訴我們，雖然社工倫理規定我們不能收個案的禮物，但千萬要記得，如何拒絕也是一門藝術。

避免個案把「拒絕」這個動作，視為社工把他們拒於千里之外，破壞關係。因此，如果是很小很小的禮物，例如老太太硬塞給你的一顆橘子、一杯茶等等，若拒絕不了，還是可以意思意思收一下的。

在我剛工作的第一年，個案煮了一整桌菜後，很熱情的邀請工作人員一起吃飯。

那時候，我看他煮了熱騰騰的飯菜擺在桌上，但所有的社工，都沒有人要動筷子。

「這樣太可憐了啊……」我這麼想著。

然後我換上笑臉，去吃了一點，並且自掏腰包，補貼他一百元的買菜錢。

吃完飯後的某一天，我接到他的電話。

他在話筒中，酒後口齒不清晰的大吼：「我曾經煮飯給你吃過啊!!你就不能借我一點錢嗎？」

之後，我再也沒有收過個案的禮物了。

多小，我都不收。

但有的個案就像貓的報恩一樣，就算你不收，他還是會一直叼來給你。

一開始，我還會很客氣地道謝，並退回。

但後來發現這麼做，完全沒有用，我就開始面部殺球連發了。

「社工，你想看電影嗎？」

「不要。」

「我這邊有一張電影票。」

「不要。」

「我想說可以送給你啊，讓你去看。」

「不要。」

「這個票是人家給的。」

「不要。」

「你可以拿去啊。」

「不要。謝謝。」

「你什麼都不要（賭氣）……」

「對。謝謝。」

「我很愛你，你都不愛偶。偶要送你東西，你都不要。」

「對。我希望你可以把錢省下來，存在我這邊，因為錢在你身上，都會長腳跑掉。」

然後，光伯就默默上樓去看電視了。

黃昏之戀

六十四歲的個案最近沒在賺錢，但錢卻花得很兇。

我在與他散步回辦公室的路上。他緩緩道來：「社工啊，其實我最近的錢，都拿去把妹……」

我很想吼他：「叫你記帳兩百萬遍，你不聽。花錢如流水，又一直欠債，只會消耗你的人際資源。以後真的需要幫忙，別怪沒人鳥你……」

但這樣就太不專業了，所以我溫暖、微笑的問：「是喔。那個妹正嗎？」

「那個妹是別人的老婆，是大我五歲的江西人。她的老公是大官喔。」

我的內心一凜。啊，是六十九歲的妹啊。六十九歲，可以稱為妹嗎？可以吧，只要心裡有妹，人人都是妹。

他繼續以寵溺的口氣，「我都笑她說，這麼大了，還會害羞啊。她都會臉紅紅的笑罵我欺負她。」

橘紅色的晚霞照著艋舺公園。

我想像著銀白頭髮的嬌羞奶奶，依偎在他白汗衫懷裡的模樣。龍山寺的氣溫與天空火熱的色彩，正如他們的戀情。

突然，我也不忍苛責他了，反而覺得美好起來。

「不要亂花錢啊。」我只交代了他完全沒用的一句話。

他騎著腳踏車，哼歌離開。

我在等我命中註定的那個女人回來

我心裡想著做不完的行政報表而煩躁，但坐在會談區的個案，是難得不為索取福利，只因為我送他去醫院前，叮嚀了他一句：「看完醫生，記得回來讓我看看喔。」而認真搭車回來找我的好個案。

他來中心許多年了。紀錄上寫著他就業意願不高，也不想接受社工的服務。

我關心完他的傷口後，直接切入想問的重點。

「未來，有什麼打算嗎？」

他沉默許久，嘆了好長的一口氣。

「社工小姐，你相信命運嗎？」

「一半一半吧。一半看命運，一半靠自己。」

他點點頭。

「我在等我命中註定的那個女人回來。」

「算命的說，我這輩子就是要有她，才會轉運。她一回來，我就會成功了。我在等她回來。」

我想著他家系圖上沒有妻子，沒有小孩。這個女人會是他的重要他人嗎？

他看我沒說話，「我講這個，你不會相信啦。」他恢復畏縮的姿態。

我的確不相信，但**重要的是**，**這對他來說是真實的**。

「你知道很多人都不會相信，但你還是願意告訴我，謝謝你。你等她多久了？」

「七、八年有了……」

他慢慢說著這些日子的生活方式。

他露宿在公園，星期六、日舉個牌子，當臨時工，就為了等她出現。

「如果一直等不到，你要怎麼辦？」

他愣了一下，彷彿沒想過這個可能。

「不知道……但她會回來。」

我和他討論，在女人回來前，他可以先好好打理自己，給女人看到自己最棒的模樣。

但他鐵了心，認定一定要等她回來，他才會有不一樣的機會。

「我等她等到今年年底。她再沒回來，我就會去找工作。」他跛著腳離開。這實在太奇妙了啊。

走回辦公桌，我一邊想著他的背影，一邊腦子裡浮出《等一個人咖啡》的老闆娘。

無家者的個體差異很大。可能是留洋回來，但卻生意失敗，而睡龍山寺的前董事長，也可能是因為傳統產業沒落，無法轉行的國小畢業粗工。有的無家者的態度像別人活該欠他錢，嚷著要補助的無賴。有的則深怕打擾他人，不願求助，以及，雖然身在都市，但卻像魯賓遜生存著的野人。

每天，我都覺得我服務了一群不得了的傢伙。**我雖然常常氣得半死，但還是會忍不住讚嘆他們有多獨特**。

如果陶淵明還活著的話，大概也會變成個案吧。社工可能會在他的個案紀錄上寫「生活態度不積極」、「無就業意願」、「反社會人格」之類的。

烏托邦

這一天，阿火當臨時工舉牌（假日在風景區拿著房屋廣告的招牌站一整天，約莫能獲得七百到八百的酬勞不等），結束後，他來找我。

阿火請我開醫療轉介單，讓他去看醫生。

「舉牌的錢呢？」

「剩六塊，都花掉了。」

「一天就花光了？你怎麼花的？」

阿火有點抱歉的說，朋友有需要。

「你也需要啊。不然，你怎麼看病、吃飯？」

「朋友會借我錢吃飯。」

「那順便請朋友給你錢看醫生啊。」

我很無奈。

阿火很沉默。

接著，我以財務規劃為名，嘮叨了阿火一頓，再開給他醫療轉介單。

「分享不是不好，但你要先顧好自己……」

其實，我在講這番話的時候，心情是很矛盾的。

我不知道阿火是不是騙我，因為他很有可能拿錢去買酒，或賭博花光了，也可能如他所說的，去借朋友。

我無從得知答案。

但我能要求他不要這樣做嗎？**因為他們就是這樣在街頭上活下來的啊。別人有錢時，招待他吃飯。換他有能力時，借別人周轉。**

也許街友的世界，比我們更接近烏托邦一點吧。

小胖的告別式（一）

在案主小胖告別式的前一天晚上，我整理要給小胖的東西。

小胖走得很匆忙，他房間裡來不及整理的東西，都由小胖的家人授權給我們處理。

社工們戴著口罩，整理小胖的遺物。

小胖果然十分熱愛奇幻文學，我們總共清出九十八公斤的書籍，還有好多的保溫杯、後背包。

「看來，大家都看不下去，小胖，你一直用長綠藻的寶特瓶啊。」

我一邊收著保溫杯與後背包，一邊想像著，有這麼多愛護小胖的人，想要小胖好而送給他的這份心意。

社工們合力整理完房間，該丟的丟，該回收的回收。小胖的隨身包包中放著舅舅寫給他的信，還有與遊客的即可拍照片，想必都是小胖的珍藏吧。

不過，在整理志工、網友、遊客留給小胖的話時，也整理了非常久。十二號的字體居然要印十九頁，才能印完，加上海內外蜂擁而來的卡片、明信片。

「這些通通唸完，小胖也會崩潰吧……」

加班的我，在電腦前碎碎唸，剛好祕書長回來，問我在做什麼。我就把小說般厚厚的留言，交給她看，再繼續整理其他留言。

大家留給小胖的文字都很溫暖。

等我手邊工作告一段落，抬起頭來的時候，心想怎麼祕書長都沒講話，一看向她，才發現她整張臉埋在A4留言裡，讀到涕泗橫流。

不知道這些文字到底能不能傳達給小胖，但它們確確實實撫慰了生者的心靈。

小胖的告別式當天，來了好多人，遠遠超過我的想像。

小胖的舅舅認真的問我，這些人都是怎麼知道小胖告別式的。我把大家給小胖的卡片、留言給舅舅看。

舅舅紅著眼睛說：「我真的沒有想到會有這麼多人來送他……很感謝你們讓小胖最後有發光發熱的機會。」

「沒有，沒有，那是小胖自己很努力。」**想到小胖拖著不舒服的身體，得要用多少毅力，才能堅持練習與導覽，我就覺得應該多對他好一點才是。**

瞻仰遺容時，把小胖的導覽帽，他自己花錢買的《無家者》書籍、卡片，大家的留言、照片、畫作都放在他身上，希望他能在滿滿的愛環繞下，去更好的地方。

我一直很希望自己可以從頭到尾都保持專業，處理完全部的事情，但在最後火化，法師要我們呼喊「小胖快跑」時，我還是忍不住哽咽了。

告別式結束後，小胖的家人傳訊息給工作人員：「您好，我是小胖的弟弟。有件事，我想應該讓您知道一下。下午我在休息的時候，我哥哥來找我了。在夢中，他跟我去

了很多以前我們住過、去過的地方，雖然他沒說什麼話，但是一路上一直都笑得很開心、燦爛，我想他很開心、安心的走完這最後的旅程了。很謝謝您們，也請代為轉達給今天有來哥哥告別式的朋友，謝謝他們。」

小胖的後事告一段落了，但我們不會忘記他曾經出現在我們的生命中。

擲筊（二）

我是一個沒有宗教信仰的人，但小胖的事，有許多巧合很不可思議。

第一個發現小胖的是光伯。光伯早上要去刷牙洗臉的時候，發現小胖坐在馬桶上，怎麼叫都叫不醒，然後光伯就去報警了。

光伯事後跟我說，他覺得小胖會來感謝他，於是他就拿與小胖相關的一些數字去簽六合彩。

我想光伯要是可以透過這方式來處理心理創傷，倒也不是壞事。

結果隔兩天，光伯真的中了五千塊，那大概是光伯一個月的房租。

我腦中甚至可以浮現出小胖笑笑地說，這筆錢給光伯當紅包的樣子。

十月六日到十月二十二日是剝皮寮「貧窮人的台北」系列展覽的日子，小胖生前就同意在剝皮寮布置一個複製版的小胖房間，我也徵得小胖同意後，拍了小胖房間，讓「人生百味」的阿勇複製。

小胖過世後，他的房間仍留有許多模型。

社工拿著擲筊，在小胖走過的廁所腳踏墊上，問小胖，「我們可以借你房間的東西去展覽嗎？」

小胖完全沒有猶豫的給我們一個聖筊。

「那麼我們可以把你的模型拍賣掉，把錢捐給芒草心自立支援中心嗎？」

小胖又是一個聖筊，正如他阿莎力的個性。

「這是一個怎麼擲，都會擲出聖筊的筊嗎？」社工也相當震驚。

其實，就連這個擲筊的筊，也滿不可思議的。

每三個月，我們大概都會有一個神祕人士拿些奇怪的東西捐贈給我們，例如泰國的隕石、觀世音神像。雖然我們不需要，但還是會笑笑地收下，並感謝對方的愛心，然後默默煩惱著，要拿這些東西怎麼辦。

某天，這位神祕人士拿了擲筊的東西給我們，說是神明指定要給芒草心。結果，居然真的在此刻派上用場，彷彿神明早就預見這一切。

小胖身後留下還沒來得及花的一萬元，小胖的弟弟把這筆錢都捐給芒草心。但幫助過小胖的單位還有很多，所以我們把這筆錢分成四份，替小胖轉贈給基督教生命教會、夢想城鄉營造協會、曉劇場與芒草心。

基督教生命教會的楊大姐一邊碎碎唸著，「小胖自己錢都不夠花了……」一邊簽領據，而夢想城鄉則是不收小胖的錢。他們說，小胖才是真的幫了夢想城鄉很大的忙。

早上，小胖的舅舅來芒草心，很感謝芒草心讓小胖發光發熱。另外，小胖今年過年有回家和他們吃團圓飯，他們都很開心。

我們社工也替小胖開心（小胖居然沒跟我們講他有回去吃團圓飯!!）。小胖舅舅又捐了一筆錢給我們，還帶了好幾箱蘋果與香蕉。社工下午就開著車，把舅舅的愛與恩友教會、教會楊大姐及芒草心自立支援中心分享。

不知道小胖看不看得到這些在他身後所發生的事情呢？如果他知道的話，應該也會覺得還不錯吧。有這麼多人想著他、感謝與緬懷他。

我也很開心，我是芒草心的一分子，可以陪著這些人走一段路，雖然常常覺得心臟要很大顆就是了。

小胖離開之後（三）

小胖離開的那一陣子，我很常哭。

騎機車經過和他一起練習導覽幾百遍的龍山國中哭。回家經過他必定講解的和平醫院也哭。回到辦公室，看著再也用不到的志工罐頭問答集哭。拿著親手做的小胖導覽扇子發呆，才發現自己還在哭。

那一陣子，我有點煩惱，我哭成這樣，要怎麼工作啊？於是我google了「忘記一個人要多久」這種像失戀的人才會問的問題，得到了「和那個人認識一半的時間」這種完全沒有科學根據的答案，但心靈的確因為知道悲傷不會永無止境，而安心許多。

工作還是要做的。聯絡遊客轉換場次、告知志工、準備喪禮、和小胖家人說話，因為有充滿愛的夥伴在，事情也就在忙碌中，但順利的結束了。

偶爾，我會對著辦公室廁所跟小胖講話，但隨著忙碌的活動、塞滿滿的導覽，時間真的過得很快，心情也因著大量的日常事務，而回到平衡的水位線。

直到剛剛臨時抱佛腳，在整理聯勸老師評審的資料時，又google到了小胖的新聞。看著小胖微笑導覽的照片，我的心臟又揪了一下。

有些人雖然在你生命中出現的時間不算長，但不管過了多久，你的心裡永遠會有一個位置給他。

忌日（四）

十月二日是小胖的忌日，時間過得好快。一年就這樣過去了。我曾經很擔心悲傷沒有盡頭，但也都好好的走過來了。

不知道小胖現在在幹嘛？大概看到他的時候，他也會脖子垂垂的，笑著跟我說：「李～小～姐～」然後，我會要他抬頭挺胸。

不過，小胖挺三秒之後，又會恢復原樣，然後，用長青苔的一公升寶特瓶喝開水吧。

真想你。

我回想起告別式上，大家要給小胖的卡片，多到可以編成一部小說，所以我就把它蓋在小胖身上，讓他慢慢看了。

小胖的骨灰安放在墾丁附近，但我竟然完全沒有想要去看他的念頭。

因為，我覺得小胖的靈魂一定還待在辦公室，跟我們廝混在一起。

之前我上廁所的時候，關上門，還會在心中默唸：「小胖，我要尿尿，請你出去。你偷看，我就打死你……」

後來臉皮厚了，其實自己的大屁股也沒有什麼好看的，於是就連默唸都省了。小胖，你不怕長針眼的話，就看吧。

然後，我又回想起在龍山寺門口，我與古社工、小胖的糾纏。

古社工的整輛車，塞滿有囤積症的小胖行李。

古社工相當困擾的對小胖說：「小胖，這個都長蟑螂蛋了，不能吃啦。」

小胖非常堅持，用力的大吼：「可是丟了，我就沒錢吃飯了！」

這時候，我幫著古社工在一旁力勸小胖：「小胖，你不會沒錢，你現在有導覽，還有掃地。」

小胖依然堅持的說：「不行。那是別人給我的!!」

小胖的囤積症在無家者中相當普遍。街頭生活中，若碰上大方的好心人，可能一次會拿到很多物資，但碰上不走運的時候，只靠一點乾糧撐好幾週，也是常見的。我們眼中的發黴餅乾，是小胖的安全感來源。要把它們丟掉，要先跟小胖拚命才行。

古社工腦筋轉得很快：「那我跟你一包換一包。你丟一包，我就給你新的。」

小胖聽完，勉為其難的點頭。

巷口的大姐目睹這一切，也在旁邊吆喝著：「我再給你新的啦，小胖。」

這一刻，我再次體會到萬華真的是個很溫暖的地方。

如果靈魂終究要在人世間有個棲宿的地方，那小胖啊，我覺得萬華真的是很棒的選擇呢。

存錢

平常愛嚷著沒錢，快借他錢，他要窮死了的個案，今天在我替他寫五月份行事曆時，突然開口：「你很關心我捏。」

我也隨口回他：「對啊。」

他繼續自言自語：「因為你是我心愛的倫。」

「呵呵。」我發出個連初級同理都稱不上的聲音，繼續寫行事曆。

「那我要把錢交給你。你幫我保管。」

！　!!　!!!

一百個驚嘆號，也無法描述我的震驚。

眼前是外星人披了個案的皮嗎？這是他這輩子第一次主動說要存錢啊。那個花錢如流水，愛簽六合彩，把東西隨便送人的個案啊。

於是，我迅速拿出信封，讓他簽名、畫押。

他也沒有後悔說要把錢收回去，乖乖存了下來。

……

真是太值得紀念了，我的靈魂都被補滿了。

太感動了啊，對於他的改變。

雖然他可能三天後，有百分之九十九的機率，就會因為花光一個月的薪水而奪命連環叩我，要拿回這一千。

但我決定要活在這一刻，慶祝這一刻的美好。

我還拍下來，讓臉書每年都可以在這一天提醒我。曾有個人，做出了這麼微不足道，卻又讓我覺得是銘心刻骨的改變。

送爸爸最後一程

這是另一個遊民社工分享的故事。

「那是我剛做遊民外展社工的第一年，我還很菜。我們機構有一個叫老李的酒癮個案。老李身體不好的時候，就會住進來養病。等身體好的時候，就會出去繼續喝酒。這樣進出好幾次，我們也知道他住進來後，又會離開去喝酒了。

老李離開機構以後，我接到警察的電話。警察說老李喝酒死在路上。因為不是死在醫院，所以醫院無法開死亡證明，而檢察官要家屬出面認屍，才肯開死亡證明，因此老李只能先被冰起來。

那個警察很資深，他推給我去找家屬。

我回去就找找找，找出老李的兒子跟女兒。

我跟他們說，他們的爸爸死了，請他們來相認，算是送爸爸最後一程。

他們說好，我就趕快聯絡殯儀館。殯儀館也很好，就說你來，我會幫你開門。

我跟老李的兒女到了殯儀館，工作人員真的幫我們開門，但，也就只是開門。

殯儀館說很忙，沒空開冰櫃，叫我們自己來。

我跟老李的兒子、女兒對看三秒。

我想，好吧，是我找他們來的，所以我來開冰櫃。

……

我到現在還記得清清楚楚：我先跟老李拜一拜，把冰櫃拖出來，拉開屍袋的拉鍊，再掀開老李臉上的布。

老李的子女探過來看，但也真是太久沒見了，其實也不確定是不是他們的爸爸，但看那輪廓應該是吧。

老李生前跟我說過，他以前一直喝酒跟賭博，很對不起兒女。他都沒臉去見他們，只能繼續遠遠的放逐自己。

如果可以的話，老李很想跟他的兒女說聲對不起，但他一直沒有這個勇氣。

我替老李跟老李的兒女說了，也算是完成了老李的遺願。」

我很謝謝你管我

在社工系學生所必修的一堂「諮商理論與技術」課，如果說人心是一顆洋蔥，那麼，這堂課就是教你怎麼剝開到最裡層。

不過，自從我畢業之後，就幾乎再也沒用過會談技巧。事實上，我也沒有要會談的意思，因為我在忙，但他們就是想說話。而大部分的時間，我只要說「嗯……」「啊……」個案導覽員就會活在自己的世界裡，滔滔不絕的講下去。

我一邊寫計畫，一邊隨口敷衍、應和。

「李小姐，我跟你說啊，女鬼看到男鬼要敬禮，你知道是為什麼嗎？」

「為什麼呢？」

「因為&$@^*……」

他繼續瞎扯，我繼續處理導覽員培訓的聯繫事情。左耳進，右耳出，心不在焉。

「……所以那個房東的大兒子是神經病。李小姐啊，雖然我都跟遊客說，你對我很壞，但我很謝謝你管我。以前是我媽媽跟我老婆管我，後來就沒有人管我了。現在有人管我，我很開心。最近天氣又變冷啦#$@^……」

他的碎碎唸裡面，夾了這句話，我沒有漏聽。

在昏昏欲睡的下午，我被他給感動醒。

他繼續講些無關緊要的事，彷彿剛剛只是抱怨又下雨了一般的日常。

很多人都說助人工作是很吃力不討好的事情，但我想**在這些吃力不討好裡，還夾著閃閃發亮的金砂。在不經意的時候，會讓你發現，告訴你，你做的事是有價值的。**

黑道角頭

很多人都覺得萬華是一個很複雜的地方。角頭、站壁、六合彩、街友、龍山寺，構成了大家對萬華的印象。跟他們說破嘴，他們也只會「喔……」，然後覺得萬華不像台北。

把風哥是我認識的第一個萬華在地人，他的工作就是把風。

平常的把風哥是一個滿口檳榔，結識很多刺青朋友的人，而且是個肌肉帥哥。把風哥喜歡跟機構裡的住民聊天，也常與我們有一搭沒一搭的聊著。

那一天是父親節。智能障礙的個案阿瓜，從學校帶了一張有藍色紙領帶的卡片回來。

「啊，阿瓜的爸爸不久前才剛過世啊……他做的卡片，是要送誰呢？」

我心裡默默地想著，也希望這個節日不會喚起太多阿瓜的傷心回憶。

「這個……卡片……」不太愛說話的阿瓜，走向古社工。阿瓜把卡片塞到古社工的手裡。

古社工打開領帶裝飾的卡片。卡片上面大大地寫著，「小古，父親節快樂」。

古社工傻笑著，抬頭問阿瓜：「這是你做的喔？」

阿瓜看著地板，愣愣地點頭。

「謝謝你喔。」看得出來古社工在忍耐些什麼情緒，而阿瓜咻地跑掉了。

⋯⋯⋯⋯⋯⋯

過了一會兒，阿瓜手上捧著一個紅色紙盒進來。

阿瓜打開紙盒，原來是別人送給阿瓜一只純白的陶瓷羊存錢筒，上面可以用蠟筆著色。

「大楚⋯⋯叫我畫畫⋯⋯送小古⋯⋯」阿瓜拿著黑色蠟筆，努力塗著那隻羊。把風哥看著阿瓜，大叫：「阿瓜!!過來!!!」

我以為把風哥要欺負阿瓜，馬上緊張地站起來，問他要做什麼。

把風哥拿起黑色蠟筆，「你畫畫要朝同一個方向。這樣，筆觸才會一樣。」

把風哥在羊身上，畫下力道均勻、顏色輕柔的黑。

把風哥接著抬起頭來：「不要看我這樣，我以前是復興美工的喔。」

把風哥陪著小小的阿瓜，一起完成了黑色的羊，送給小古。

雖然那隻黑羊完全稱不上好看，但卻蘊含了滿滿的心意。

把風哥時常在晚上下班後，開著他的跑車，載阿瓜上山兜風。

他們在車上大聲地開音樂。「阿瓜跳起來!!」阿瓜會開心的手舞足蹈。

把風哥也會在機構的住民心情不好、憂鬱症發作的時候，與他們分享以前在監獄，那些教誨師教給把風哥的道理。

把風哥溫柔的陪著住民、陪著我們。

我相當珍惜這段時光。

不認識他的人，也許只會覺得他是個兇狠的黑道角頭，但與他朝夕相處，是**他讓我們發現，這世界不只是黑色與白色，更多的，是灰色。溫柔而包容，涵納多種可能的漸層灰。**

外表

在擔任社工的菜鳥時期，我一直很煩惱自己表現出來的模樣，與別人看到、感受到的樣子有差距。

明明我就只是在發呆，別人卻以為我在生氣。我很誠懇的關心個案，個案卻以為我在身家調查。明明我的精神狀況還可以，卻被問是不是很想睡……我想，我的臉是不是有什麼問題呢？我是不是該去做個醫美之類的啊？

另外，我的台語也有個奇怪的腔調。之前，我曾以為某個個案是不是有帕金森氏症，因為我與他會談時，他總是很遲緩，且目光呆滯。弄半天，是因為他聽不懂我的台語在講什麼。

不過，這也因此養成了我會與個案確認訊息的習慣。當會談結束後，我會問他們，有沒有需要我改進的地方。有沒有事情我沒說清楚，我會不會態度很兇、講話太快，或我的台語太爛，他們聽不懂……若有，我會道歉、改進。

昨天，一如往常，我與個案會談完，在我順口嘮叨別喝太多啦，記得存錢之類的話後，我很認真的看著他的雙眼詢問：「那現在換我問你啦，你覺得我有什麼要改進的地方嗎？」

拿回主控權的個案，非常慎重的看著我。

個案沉思了一會兒。

我開始反省起剛剛的會談，我是不是太少同理心，讓他不舒服了。

「你們女孩子要抹胭脂啦，塗紅紅……」

已經是阿公年紀的個案，嘟起雙唇，雙手用力比劃。

「我在上班，要化什麼妝啦。」菜鳥李社工我，用力反駁。

「這樣，才有像在上班啊！」

「我又不是在上那種班。」

個案完全不鳥我。

他散發著維士比味，繼續替我上美容課：「眼睛上吼，要放亮片啦。這樣，才會閃閃的……」

呃，你說的是眼影嗎？我不是要問你外表有沒有要改進的地方啦。

「臉喔，這兩邊也要畫兩個紅圈圈……」

畫兩個紅圈圈是什麼啦？金童玉女，還是魔人啾啾（註）？

個案應該是看到我在翻白眼。

「外表也很重要啦，攏會影響到我們的心情啊！」

………

雖然，我仍然沒打算上班化妝來增加自己的困擾，但個案說外表會影響工作，這是真的。

有一陣子，我心情很低潮，上班時隨便從衣櫃拉出什麼，就穿什麼，結果被個案叫肥婆，平常也不太鳥我。

最近，我懶惰到極限，直接穿連身睡裙，或一件式洋裝，這種比較女性化的衣著去上班，卻居然被個案改口用廣東話，叫漂亮女生和林志玲。而當我對個案碎碎唸時，原本常常不耐煩的個案，竟然也變得比較有耐心。

過了兩年後，我經歷了許多風風雨雨，心臟也比菜鳥時期強大許多倍，也許是自信心比較充足了，現在若個案評論我的外表，我也只會白眼一翻，真的是進步很多呢。

註：動畫影集《飛天小女警》中的一個角色。

他最後怎麼走的呢？

「早上醫院打來，他過去了。」老鳥李社工在中午吃飯時，像提到今天的風有點冷一樣的清淡口吻，告訴我個案的死亡消息。

像冷不防的一拳打來，我震驚到筷子上大塊的煎蛋掉進便當盒裡。

「這樣啊……」過了幾十秒，我才硬硬地吐出這三個字。

「好不真實喔。」我覺得好像個案下午還會來辦公室交廣告紙一樣。

晚上前輩生日，我們辦公室的感情很好，所有人捧著蛋糕，為學長唱生日快樂歌，祝他快點交個女朋友。

凌晨一點多，經過一整天的培訓課程與奔波，原本神經大條、超好睡的我，應該三秒就可以睡死在飯店的軟床上，但我卻失眠了。溫差太大了，生與死之間。

「他最後怎麼走的呢？」假日時，我經過醫院，一直想著上班時，要去看看他。他一個人，沒有家屬，又不能說話，想必是很孤單的吧？可惡，應該要把握當下的。對不起喔，那時候，我還為了身障轉銜轉不出去的事情大發飆了一頓。生氣我明明忙得要死，卻還要做不是我服務範圍的事情……那時候，對你說話，我有很兇嗎？我雖然沒有宗教信仰，可是如果我很認真、很認真的想，我應該可以把意念傳達給你吧？去天堂就不用當遊民了吧？

我之前一直以為遊民的死去，輕如鴻毛。社會如果是巨大的塔，那麼，遊民就是游離於塔外的一粒沙。

遊民沒有家人，也沒有會照顧生活的親密好友，沒有人會為遊民難過。

但是，**你有喔，有一個社工在半夜想你的時候哭了**。雖然，你可能只知道我叫李小姐。當我們有所交集的時候，就產生了情感關係，就算我以為沒有。

感到痛苦的事情，一擺在死亡之前，突然覺得渺小，如恆河一粒沙。許多壓在心口的執著與牽掛，似乎都輕鬆許多。從他的死亡，我想到親人的死亡，或者是自己的告別式，重要的事情重新排序。

明年要找機會去看巴黎鐵塔。看看一向印在包裝紙上的鐵塔，真正是長什麼樣子。再去爬一座百嶽吧。寫一本充滿自己的字，而且羞恥到不敢翻開的厚本子。找一天去和阿嬤吃頓飯。對個案好一點，因為可能沒有下一次見面了，還有……啊，核銷還沒做完，不知道個案的看護費用與後事費用，到底要由救助課，還是身障科出，最近要關帳了，還有好幾個方案要核銷……

想一想，還是又回到膚淺的事情上來了。

這就是生活吧，與死亡隔著安全距離，才能過得輕鬆、庸碌一點。

輯二

無家者說自己的故事（擔任街遊導覽員）……

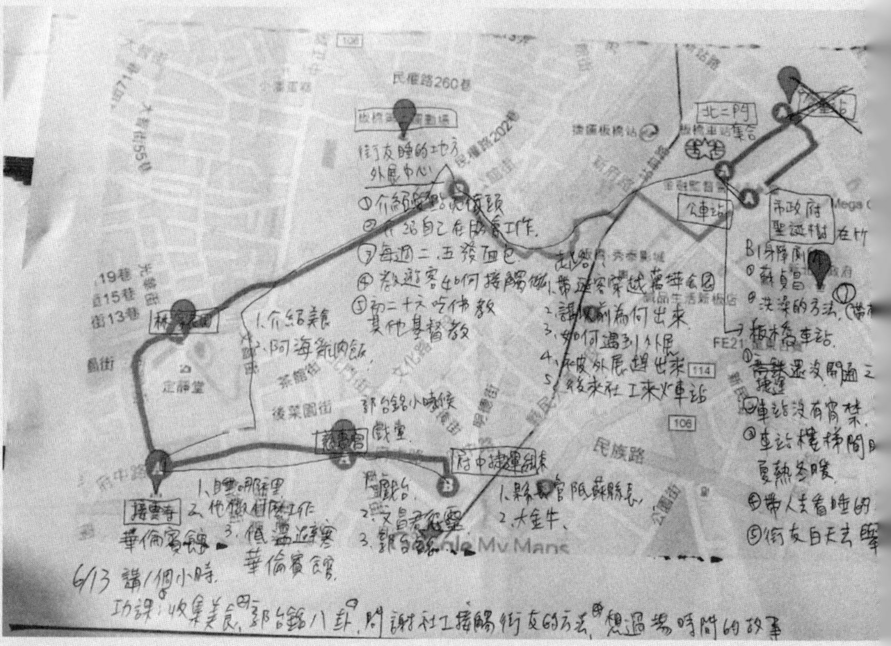

佳庭訓練個案做街遊導覽時的練習手稿。

一個可以說出「失敗」的溫柔地方

外界常常會以為訓練遊民講故事、帶導覽很簡單，不就是讓遊民開口隨便講講自己的事情。明明零成本，還不用做功課；但其實要講自己的故事，非常非常困難啊。因為**那是一個很痛的傷口，裡面有挫折、有羞辱、有後悔、有慚愧**。不管遊民以前的人生曾經有多精采，後面都是失敗、流浪街頭的結尾，頂多加入「我現在可以賺錢，自己租房子了」，一個很多人都做得到的目標。

但，其實這樣就很好了，因為培訓中的無家者導覽員，有的甚至連這麼簡單的事情都做不到。所以有些無家者導覽員會說很多其他無家者的事，卻避免談自己。有些會淺淺帶過，把自己當初做出重大選擇的責任都迴避掉。有些會當成表演，最好自己還能擠出兩滴眼淚，用拙劣的演技博取同情。

「這樣，真的好嗎？」我思考了很久，讓他們反覆地說著自己的這些故事，到底是不是好的影響？會加深他們的傷口嗎？

「我其實常常覺得，他們說的都不是真的。他們在對別人說自己的故事時，是戴上面具表演的。」智者蘇格拉底——夥伴阿德想了一下，「不過，**如果可以戴上面具，讓傷口慢慢好的話，好像也不錯啊。**」

訓練無家者講故事、帶導覽這份工作，其實有很多時候都沒有答案。一邊想，一邊做，我們能做的就是搭一個舞台，讓他們表演。

當他們講故事、帶導覽時，我們把太超過的東西切掉，例如，不要講髒話，不要沿路罵政治人物，不要喝醉帶導覽……每次的導覽，能維持同樣品質等很低的要求，而能做到這點，我們就謝天謝地、謝佛祖了。

不過，老實講，遊客願意付費聽他們講故事，有一半也是抱著做公益的心情來的。

我工作的芒草心投注資源在這個計畫上，是為了去除大家對遊民的污名，但當眼前的

無家者說出：「我的人生就是失敗兩個字。」我該怎麼辦呢？

我要很虛假的說：「不會啊。人生沒有什麼事是徒勞無功的。就算現在你覺得很失敗，但我們可以一起打造更好的未來。」這種話嗎？

如果我哪一天變成他的處境，我也會覺得自己很失敗。而聽到社工講這些話，我更是只想翻白眼啊。

所以我們也只是聽著，然後邀請導覽員繼續講自己的故事。

因為，**我希望這裡能夠變成一個可以說出失敗的溫柔地方**。不過，這對聽故事的遊客來說，應該會很焦慮吧？尤其是對某些不正向就會很難過的人而言。**我們該怎麼詮釋，給這個故事一個意義，就是很重要的地方**。

但要能保持溫柔的心傾聽，真的好難啊。

我每天都想揍他們。例如，聽到個案又開始喝酒的時候；不去找工作，只會嘴巴講講要賺三萬的時候；一個禮拜才倒一次尿桶的時候；偷吃掉我冰棒的時候……

我曾經一度思考，是不是我自己的愛已經耗損光了？但仔細想想，這世界上，除了宗教或熱戀期以外，根本不存在只有愛，沒有任何其他情緒的關係啊，那麼，我又何苦這樣要求自己呢？所以，我又開始允許自己與同事唸他們。

愛就是這樣吧。罵完，還是會乖乖繼續做該做的事。

個案的手機

即使我已教了幾百遍，但年紀較大的個案，卻始終學不會讀簡訊，所以我都會在導覽前，先打電話給個案，提醒他今天幾點有導覽，以及什麼內容不要跟遊客說。

不過，每次只要個案的電話打不通，我內心的防空警報，就會立刻響起來。

…………

個案為什麼沒接電話？

是不是死在家裡，沒人替他求救？

還是人又在很吵的投幣式卡拉ＯＫ，聽不到鈴聲？

最好只是又不小心把手機亂按成靜音，但萬一是死在家裡……

那麼，接下來導覽開天窗，怎麼辦？

若我和遊客解釋，遊客應該是可以理解的吧？

但補償措施要怎麼辦呢？

我一邊騎機車，一邊模擬接下來的流程。心裡暗自祈禱，最糟的狀況不要發生。

今天早上，我打電話給個案，想提醒個案導覽的事，但個案卻沒接電話。

「嗯，應該是在騎腳踏車，所以沒接手機吧。」

快中午時，我又打了一次電話，但個案還是沒接。

「嗯，應該是在吃午餐吧？我等等再打好了。」

但一直到導覽開始前一個小時，我總共打了十幾通電話，卻都沒人接。

我開始緊張了。

我跟同事說，中午的會議，我晚點回來再補開。

我抓起安全帽就衝出門。

「拜託你，沒事啊！」沿路，我焦慮的碎碎唸。

我在腦海中分析各種可怕的可能，但一騎到個案常出沒的馬路邊時，卻赫見一個光頭，悠哉的在路邊跳早操。

「你為什麼都不接我手機?!」

導覽員光伯又拿出賴皮頑童的死樣子。

「我手機就不會響啊！你給我換一支智慧型的手機啦！」

此時，他的手機卻大聲響起，是我打的測試電話。

「你屁啦，明明就超大聲。」

光伯抓抓自己的光頭，低頭笑著：「這手機有問題啦。在你手上，才會叫。我用，就不會叫……」

「你害我很擔心。我以為你死了或在家裡摔倒，沒人救你。」

「你會擔心喔？」

「廢話，當然會啊！」

我完全沒在管與個案的會談技巧了。我只想掐死這個讓我焦慮一整天的混蛋。

「那我住院，你會來看我嗎？」

「當然會啊！」他笑得很開心。

「那我以後怎樣的話，你要來看我喔。」

「絕對會啦！」

接下來，我又兇巴巴對他耳提面命了一番導覽的重點。他卻看起來心情很好的樣子，帶著笑容，上工去了。

如果有一個人這麼擔心我，我大概也會心情很好吧。

無家者百百款

有一些遊客對街友們有浪漫的想像，把他們當成在城市角落修練的智者，或者是會出現在深夜加油站的蘇格拉底。

會有這個發現，是因為幾次街遊伴走下來，總會遇到神奇遊客所詢問的神奇問題。例如，「你覺得人生的意義是什麼？」「如果把人生終結成一句話，你覺得會是什麼？」「你怎麼看現代人的生活？」

這些，要怎麼用台語翻譯給六十幾歲的個案導覽員聽啊？

我夾在中間，也是挺困擾的。

然後，個案導覽員就會回答明顯不是遊客所期待的「有智慧的人生終極解答」。

我看著遊客們失落的臉，心想，我也不是不能理解遊客的心情，但來這裡找答案，實在是太錯了啊。

心裡回想著，生活在芒草心據點的無家者們，他們吵架、打架的一百個無聊理由：「他的鞋子壓到我的鞋子！」「他坐了我的位子！」「他關門太大聲！」「他沒把飯吃完，最後一口是要拜死人的！」

做直接服務的社工真的很偉大。我每次看著我的同事處理這些雞毛蒜皮到難以同理的紛爭，都忍不住帶著一點悲憫之心。

大家對無家者有既定的想像，其中以髒、臭、懶為大宗。但事實上，無家者百百款。有的無家者不喜歡和人接觸，生活在河堤幾十年的。有的無家者不跟人講話會死，所以半夜一點打電話給我。有的無家者愛乾淨，每次都穿西裝出現。也有無家者一個禮拜洗一次澡，堅持這樣才養生。有的無家者身兼多工，五點半就起床，掃地、撿資源回收、做導覽。也有整天嚷著要去找工作，結果二十年過去，依舊沒工作，又愛抱怨沒有錢的……太多了。

所以，每次有人問我怎麼與無家者互動，我都不知道要講什麼，因為真的每個人都不一樣，哪有什麼固定的互動模式。

我只能一直講不同的故事，讓大家在自己的框架中，能開始有一些些和原本不一樣的想像而已。

試過自殺，但都失敗……

如果你在艋舺公園見到阿豪，你不會認為他是遊民。六十幾歲的阿豪，總是把自己打理得乾乾淨淨，臉上帶著客氣的微笑。

阿豪第一次和社工見面時，為了表示慎重，他穿上自己做的精緻全套西裝，梳起油頭，不知道的人還以為是哪裡來的董事長，踏進協會來捐錢。

看起來富貴的阿豪，為什麼會變成遊民？

民國三十八年，阿豪因戰爭而與父母失散，成為孤兒。還在襁褓中的阿豪，被同為逃難的養父母收養，逃來台灣，他們就住在台北市中華路附近的小木屋。

阿豪的養父母喜歡賭博，不太照顧子女。小學四年級時，阿豪的弟弟連續腹痛了好幾天，但養父母卻只給弟弟吃止痛藥後，就繼續流連牌桌。疏忽就醫，導致阿豪的弟弟嚴重腹膜炎，在緊急送台大醫院後，依然回天乏術，阿豪的弟弟過世了。這樣的養父母，當然不會投注多少教育資源與心力在阿豪身上。阿豪小學畢業後，就離開故鄉，北上擔任裁縫學徒。爭氣的他，在三年後學成出師，開始賺錢。曾經因為做膩了，想去外面闖闖，而短暫跑漁船三個月，後來因為易吐體質，耐不住海上波濤，還是回到原本的店，繼續做西裝。

但回到陸地的阿豪，並沒有因此失去想跨越海洋的野心。三十幾歲，阿豪到了美國紐約這個大蘋果。一句英文都不會說的阿豪，走進外國人的洗衣店，和店主比手劃腳，表達自己可以免費做專業裁縫，只要對方能提供吃、住，洗衣店老闆當然收下了這個廉價勞力。阿豪開始在洗衣店替客人修改衣服，累積客源並學習英文。

就這樣做了快十年，阿豪憑著手藝與人脈，在美國累積出豐富的財富。他天天上歌廳、舞廳，如此揮霍，似乎是要彌補童年的困苦。某天，阿豪在酒醉後醒來，突然驚覺自己不想死在這裡，要死，也要回到故鄉再死。於是，阿豪毅然決然的提著皮箱，放下大好事業回台灣。

回到台灣後，卻碰上經濟不景氣，加上成衣興起，訂做西服的行業沒落，阿豪找不到工作。貧賤夫妻百事哀，阿豪的太太還愛上別的男人，和阿豪離婚，兒女都歸太太。家庭與事業都失意的阿豪，一邊尋找其他的發展機會，一邊做兼職保全。後來因為經濟上的壓力，阿豪終於死心，做起全職保全。擔任保全十年多，他曾因幫大樓換電燈泡，而從老舊的木梯上摔下來，腿部骨折、腰椎骨裂。住院五天後出院，但也留下嚴重的後遺症，阿豪開始無法久站與久坐，但他還是咬牙，繼續工作。直到六十四歲因腰傷，無法繼續從事保全。屋漏偏逢連夜雨，失業又碰上租屋處連續失竊。阿豪付不出房租，而被房東趕出來。失業時，阿豪試過自殺，但嘗試了幾次都失敗。人生跌到谷底。

「我那時候想，死了算了，反正也沒東西吃了。我就躺在那裡，但躺了好久，卻餓也餓不死，只好繼續活著了。」

阿豪聽別人說龍山寺前面會發便當，於是來到艋舺公園。第一天流浪的阿豪，原本要睡在艋舺公園，但被一個好心女子介紹到社福中心。社工協助阿豪改住遊民收容所，阿豪因此開始在遊民收容所生活。期間，阿豪曾擔任舉牌工人與掃地工，賺點零用錢。遊民收容所的社工覺得阿豪說話很有條理，於是介紹給我認識。我問阿豪願不願意與別人分享他的故事，阿豪說好，於是，我們就這樣開始讓阿豪練習說自己的故事了。

從谷底開始……

如果我自己上台演講的緊張程度是十分，那麼，帶個案出來演講的緊張程度，大概是一百分。

個案有辦法抵達我們約好的地方嗎？

個案會臨陣反悔嗎？

個案會講我們約定好的分享內容嗎？

個案會離題，講很多不相干的事嗎？

個案會太過激動，在演講過程中，用三字經罵警察、罵政府，停不下來嗎？

個案可以不要超時太多嗎？

我會干涉個案太多嗎？

別人會覺得我不管個案，太不負責任嗎？

個案自由表達與觀眾需求的平衡點，又在哪裡呢？

我非常焦慮。

「你來啦……」我在捷運站旁的陰影角落，認出蹲坐在那裡的人。

我鬆了一口氣。

「對呀。我怕你找不到我，五點半就來囉。」梳著油頭的阿豪露出笑容，而今天也要一起演講的個案小胖，也跟著一起吐槽我。

「五點半?!」我尖叫出聲。

那代表大腿有鋼釘的阿豪，與癌末的小胖，在這裡吹風淋雨，等了一個多小時。

「我們明明就約七點啊！」

「我想以前曾經來這邊舉牌子嘛，就邊等邊發呆邊回味。呵呵。」

阿豪與小胖都很珍惜拿起麥克風的機會。

情感豐富的阿豪，甚至在上台講第一句話時，就開始哽咽：「謝謝各位給我這個機會，讓我站在這裡……」

也許這一個小時，只是你聽過的幾千場講座之一，甚至在結束後，可能記不得演講者的名字。但對於他們，這一個小時，是一生中，寥寥幾次鎂光燈聚焦在自己身上，有這麼多人聽他說話的寶貴時光。

「上次你去演講，感覺怎麼樣？」我有點擔心講人生比較失落的故事，會讓阿豪有再度被揭瘡疤的負面感受。

「感覺很好啊！那些學生都很認真聽，也問了我很多問題。」阿豪開心的笑。

「以後有這種活動，還可以找我喔！我覺得自己好像也變年輕了呢。很好。」

我鬆了一口氣，拿出剛剛聽眾寫的回饋單，遞給阿豪。

「這是學生寫的喔！你也看看吧。」

我低頭看著手上的影本。

我擔心六十幾歲的阿豪老花眼，看不清楚，所以我唸著學生寫的文字：「謝謝阿豪跟我們分享他的故事，很真誠，學到很多。阿豪以前人生的努力，是我們很多人比不上的。謝謝阿豪老師……」

但阿豪好像沒什麼反應。

我從問卷堆抬起頭來看，才發現阿豪早已看著學生的文字，捏著鼻子，哭到說不出話來。

負面的生命經驗在重新講述的過程中得以轉化。艱困的時光都已經過去，現在站在這裡的，是從谷底又重新振作起來、全新的人。

無家者才是故事的主人

我常常去外面演講，推廣我所負責的計畫，雖然大家平常看不出來，但其實我對我們家的遊民導覽員，很沒有自信。

我大概已經陪著導覽員走超過一百次吧，但一直到現在，我還是每次都在導覽中，感到焦慮。

我在腦中，會對他們嘶吼：「等等……你現在說的東西，跟我們約好的內容不一樣啊。」

「你講話為什麼要這麼沒精神？你的抑揚頓挫呢？」

「你衣服破掉了啊。不要一直駝背……」

「那個明明超重要，你不要這麼隨便帶過去啊……」

「你忘記講那一段了啊……」

我永遠處在很想提醒導覽員，但**我又要跟自己說一百遍，這是他們的舞台，要讓他們好好發揮**。要正向充權。

幸好遊客們都很天使，給我們的回饋都很好，但我心中就是這麼龜毛。老實說，以一般的導覽水準來看，我並不覺得我推廣的東西有及格。

那一天是某所學校來預約導覽，他們一開始就選了我心中的菩薩社工路線，也就是由獻忠社工導覽的路線。

我非常喜歡聽獻忠社工帶導覽，他在萬華深耕十年，知道的非常多。他更會針對遊客想聽的東西深入講解，變化性大。

聽獻忠導覽，我總是學到很多，甚至覺得他比一般市面上的導覽員都還要厲害。當獻忠笑著說某件事而露出酒窩時，我們也會被他洋溢出的幸福與安心所感染，所以我立刻稱讚老師做了一個好選擇，並把我平常演講的簡報寄給她。我認為學生一定會在導覽中有很棒的收穫。

那一天，我與伴走志工在台北市的高溫下一起導覽。來自中南部的他們，幾乎家裡都有田產，所以很難理解沒工作、沒飯吃的遊民，為什麼不去種田就好。

趁著陪學生去洗手間的時候，我問他們覺得導覽如何，因為我想記下來，以後可以改進。

學生們說：「大概就是氣溫太熱了吧。」但這也不是我能改善的地方，所以我只能笑笑的跟他們說，那麼讓我們一起抵抗地球暖化吧。

回去後，我打電話問老師，整場的導覽效果怎麼樣，我很有信心獻忠講得很棒。

我原本預期老師會提到，我們可以再如何設計教案或簡報來配合導覽，但沒想到老師卻說：「導覽是很好啦。但，我還是覺得，如果是由無家者自己來講，一定會更棒！」

什麼？老師，你有聽過我們家其他導覽員講過嗎？他們講話很常跳針，又發散去講蔥跟韭菜的差別，偶爾還叫大家投票給宋楚瑜喔。

我滿腦子疑問的問老師為什麼。

「因為我們的學生與街友的距離很遠。但如果學生們能有機會去聽街友們吃什麼、做什麼，甚至直接與街友們說話，我想他們比較能去思考，當家當只剩一包行李的生活是什麼模樣。獻忠社工說得很好，但他，畢竟不是他們。」

我的心被老師的話打中了。

就算我們這些人平常到處去講無家者的議題，但，我們畢竟不是他們。就算我心中覺得他們的表達能力不夠好，就算我可以立刻講出他們的一百個缺點，但**他們自己才是故事的主人。無可取代**。

我以後也會對他們多點自信吧，畢竟講得再怎麼差，那都是真實發生在他們身上的故事，有血有淚的生活。

也許能多一點點的同理心……

青少年果然很難懂。

今天是國中生來參加街遊導覽。走過這麼多次，我已經非常習慣國中生心不在焉、不甘不願的被老師拖來參加導覽了。

在導覽員講解時，學生跑去車子旁邊抽菸，或學生邊走路邊甩耳機，這些，導覽員看在眼裡，講起自己流浪的生命故事，也特別沒勁。

「老師，他們也許比較適合參加互動性強的活動。像我們這樣的導覽，他們可能會覺得很無聊……」

我其實也不喜歡這種兩邊都痛苦的過程。雖然站在賺票錢的立場，把未來的導覽推掉很傻，但如果都來這種非自願遊客，不但浪費他們學校的預算，也會消磨導覽員的熱情，所以我忍不住拉著帶團的輔導老師到一邊說。

「不一定喔，你不要看他們這樣子……」老師指著青少年，「我一開始也覺得，他們不知道到底聽進去多少。可是回去之後，至少有一半以上，他們都會提起這一個活動。」

「看不出來耶，他們每次都很無聊的樣子。」

「他們的確看起來就是那樣，但其實帶來的學生，有很多都是來自底層的家庭。他們的爸爸媽媽就是做臨時工、開卡車，所以阿鴻之前在講他自己的故事的時候，他們就會很有共鳴。」

我回想著他們放空的眼神，與走到一旁滑手機的模樣。

「上午聽完導覽，下午我就帶他們去台北火車站募發票。他們知道為什麼要募發票、幫助誰，所以募的過程，整個眼神都不一樣了，特別活。」

「我還是覺得不可思議啊。我以為他們都沒在聽……」我開始思考老師只是在安慰我的可能性。

「你不要看他們這樣，之前不是帶過台北市的學生來參加導覽嗎？而這些是新北市的孩子，家境比較辛苦，他們對這些在公園流浪的人比較有感覺。雖然看起來沒在聽，但回去之後，我發現他們在心裡是有留下東西的。相比之下，台北市的孩子，雖然聽的時候，表現得很有禮貌、會乖乖配合，但這和他們的生活經驗有差距，還是比較疏離的。」

我想著老師帶來好幾團的學生，的確有些青少年毫不掩飾他們的無趣，也完全表現在行為上，但有些學生會保持禮貌，推派一位負責發問的人，轉移大人們的注意力，其他的，則溜去抽菸。

不想聽的，其實有認真聽，看起來認真聽的，反而覺得和他們沒關係。不論怎麼樣，學生們在這兩個小時，得到了一個長長的故事。**長長的故事不知道能留在他們心裡多少，但碰撞出了一些感覺，讓他們未來在遇到街友時，也許能多一點點的同理心，並且去思考弱勢的處境。**

原本我有點討厭接觸青少年，但這種抗拒，在我想著想著時，就慢慢消失了。

我喜歡這些努力讓世界更善良、更美好的工作夥伴們，也喜歡這一份雖然不富有，卻很善良、有意義的工作。

謝謝你們。

販賣悲慘故事?!

今天是我第一次主持街友主題的真人圖書館（註）。每個人都像一本書，裡面寫著自己的生命故事。我們邀請以前曾經流浪或正在流浪的個案來分享，希望讓更多人看見不同的街友故事。也許能讓街友改寫說故事的角度，也許能讓聽故事的人心裡生出不同的畫面。

開場時，我先簡單介紹台灣街友的狀況，接著，由四位真人圖書館講者各分享三十分鐘。在這三十分鐘內，有一半的時間是閱讀故事，另一半的時間，則是讀者提問與回饋。要把自己的一生，用十五分鐘講完，是何其困難的事，我很怕他們滔滔不絕講十五個小時，所以事前都單獨與他們練習好幾遍。

在個案練習講自己的生命故事時，我會建議他們把太細碎的內容省略（例如，當兵是第幾梯、老家地址、門牌號碼與哥哥姓名之類）。但我也知道他們一定會講超過十五分鐘，所以我會幫他們先寫成一張五分鐘的稿子，然後讓他們拿回家練習。

今天，個案們果然沒有讓我失望。他們每一位都拿出真心與學生相待，毫不保留而且真誠的訴說自己的故事，甚至很投入的回憶往事，還說到流淚……學生們還紛紛遞上衛生紙。

我之前原本很擔心學生會感到無聊而睡著的狀況，並沒有發生。反應超出我想像中的好。

這些學生們也非常可愛，稱呼個案們為老師。最後，學生們還送給每位分享者帶來的點心、衣服，以及一起與個案們開心合照。

一切看起來都順利、成功的結束，但回到家後，我卻一直覺得心裡有某個角落很不安。

「你會不會覺得，我在販賣悲慘的故事來賺錢啊？」朋友松鼠先生今天全程參與，他也從事遊民服務，問他應該很有參考價值吧。

「我覺得很心虛。我在前面講了很多街友形成的原因，再請他們說自己的故事，我是不是在引導他們把自己講成魯蛇？我這樣做，是不是對他們有害？」我矛盾的問松鼠先生。

「不會呀，TED上不是有很多成功的人講自己的故事嗎，你為什麼會看他們演講？」

「嗯……學習他們成功的方法？」

「對啊，今天個案們演講，不是也告訴學生們很多自己的經驗嗎？提醒他們不要犯某些錯。這比成功人士的故事還要不值得聽嗎？」

「嗯……好像很有道理。」

松鼠先生繼續說：「我們不能永遠只聽那些成功故事，我們也應該看到更多不同階級。我們應該往下，或往旁邊看。這就是基本的社會關懷，不是嗎？」

「可是，萬一我這麼做，是讓他把自己講得很負面，怎麼辦？讓個案們講『我如何成為一個街友』，好像一直把自己說得很悲慘……」

我還是很擔心。

松鼠先生直問：「你在聽他們的故事的時候，有這種感覺嗎？」

我的腦海中立刻浮現出光伯的臉。

光伯那永遠理直氣壯，就算從大老闆變成街友，卻仍然堅持每天要吃好吃東西的傲氣模樣，還有其他一張張完全展現生命韌性的臉。

「不會，我覺得他們很棒。」

松鼠先生：「那很好啊，我也覺得很棒。」

註：新北市一〇三年推出人與人交流平台的「真人圖書館」，邀請各個領域、不同生命經驗的「真人圖書」，和民眾面對面溝通分享，讓閱讀更具臨場感。

故事的重量

如果只能用十五分鐘講完自己的人生，你會說什麼？

這是一個很困難的任務。光是篩選什麼該說，什麼不該說，哪些算是不值一提的細節。其實，這十五分鐘一點也不容易。

在與個案練習好多次後，他終於成功在十五分鐘內講完自己的故事。

剛好今天辦公室來了訪問的學生，我問他是否願意練習說給學生聽。

他很有自信的說好，學生也很開心可以聽到無家者的故事。

他在學生面前表現得怡然自得、落落大方，但他才一開口，我就知道他很緊張，因為他說的內容和我們討論的差了一大截，他甚至擔心時間超過，而省略了整段青少年以前的回憶。

「……這就是我這個遊民的經驗。你們可以把我們這些遊民的人生當作借鏡……一定要創業，才不會像我這樣老了沒工作，沒有人要用我……」

我拿著手機計時，但卻愈聽愈難過。

他把自己的名字代稱為遊民。

我想對他說：「你就是你啊。你光是存在，就是有價值的，你不需要成為誰的借鏡。」

但如果今天我流浪街頭，經歷了無數次的求職失敗、被房東趕出、被手足瞧不起，你跟我說，我的存在是有價值的，我只覺得你把我當白癡。

不只是說十五分鐘自己的故事難，聽完故事後，要怎麼回應，也好難，因為那是一個有血有肉、會疼痛的人生啊。

每一次在真人圖書館講完後，大家都會有一陣子的沉默與沉重。

一開始，我很不喜歡這樣的沉重感，我希望可以像其他的演講一樣輕鬆、有趣，但我現在倒覺得這樣的重量是好的。

因為**當這些聽眾日後再提起無家者或遊民這些字眼時，不會是再拿來輕鬆談笑，或隨口說出「不如去當流浪漢」的玩笑話，而是一張張立體的臉，一個個真實存在的人。**

那些層層疊疊的偏見

在流浪體驗營（註）的心得發表會上，體驗營學員們的夜宿經歷，讓我想了很久。

街友導師香菜，晚上帶著學員們體驗露宿街頭。

香菜老師怕兩個女學員睡覺被夜襲、偷摸，於是和組員們沒有選擇進入艋舺公園，反而是睡在附近的走廊下。

但一到晚上時，社區的巡守隊卻出來趕他們，請他們去睡艋舺公園，不要睡在走廊。

「抱歉，我們在進行遊民體驗。我們只睡一天，不會一直待著。我怕她們兩個女生睡在公園很危險，會被偷襲，所以才睡在這邊。」

不過，社區巡守隊的大嬸並沒有因此放過他們。

「你們不是要體驗街友嗎？女街友本來就會被偷襲、被偷摸。你都來參加了，這不是體驗嗎？」

社區巡守隊的大嬸堅持要把女學員趕進公園。

沒想到，地上的女學員一聽到這句話，竟然也同意了。

她想著，對啊，我是自願來參加街友體驗營的，我好像應該為我的決定負責。

⋯⋯

但事後回想起來，女學員卻發現巡守隊大嬸的話有多扭曲，邏輯有多錯誤。

為什麼女街友就應該被偷襲、被偷摸？而一個人，為什麼不能在沒有妨礙他人的狀況下，擁有選擇睡在哪裡的自由？

這社會上有很多不合理的對待，但好像只要套在街友身上，就突然合理了。例如，基本工資低於最低薪資的舉牌零工，大家會覺得街友有工作做，而人家肯用你就不錯了，少在那邊抱怨。

我也曾遇到里長對我說，為什麼要在社區內蓋街友自立中心。街友去睡河堤、睡橋下就很舒服了。

里長說著這些話的同時，他背後還掛著「佛心」兩個書法大字。

香菜老師不斷向巡守隊表示，他們等一下就走了，但巡守隊卻不斷跳針，要他們不要睡在這裡。

女學員被盧到不行，最後開口對他們說：「我們的工作人員要來了，所以我們等一下就會走了。」巡守隊像是突然清醒般聽到，然後走了。

明明說的是同樣一句話，但卻會因為說的人不同，而決定會不會被聽見。

香菜老師那一組流浪體驗的內容原本是舉牌，但因為陰錯陽差，機會沒了，他們只好改去撿資源回收。

他們非常辛苦的撿了一天的資源回收，卻只賺到少少的一百多塊。

其中，有一個學員說：「我平常很喜歡喝星巴克的拿鐵，每天都要來一杯。參加體驗前，被朋友說：『就不要看到你參加遊民體驗，還喝星巴克。』可是撿了一整天的資源回收，那些時間累積的空虛感，讓我真的好想喝拿鐵，而我身上只有一百多塊。後來，我選擇不吃午餐，用環保杯去星巴克買了一杯拿鐵。」

在摧殘靈魂的勞動環境下，風吹日曬雨淋，被無視、被榨乾，卻只賺了少少的一點錢。你會想到的真的不是「我要存錢」，而是好好的慰勞、補償自己，對自己好一點。

大家都說街友是因為個性懶惰，不會思考未來，所以才會窮，但有趣的是，體驗營的參與學員們，有的是學生、老師、設計師，有的甚至是單位主管，他們的生活忙碌，且充滿對社會的熱忱。這些學員們的個性，一點也不符合「個性懶惰，不會思考未來」，但在這麼有競爭力的八位參與者中，竟有將近八成的人，都花光主辦單位發的一百元儲值卡，有的甚至還花到變負的。

事實上，很多情況下的貧窮是來自於收入不足。

在一個月只能賺不到五千元的狀況下，就算你的個性好到跟聖母一樣，也很難儲蓄。

註：由芒草心慈善協會在台北所舉辦的「流浪生活體驗營——看得見與看不見的台北」。期待社會大眾能在體驗街頭生活的艱困時，有機會反思無家者形成的結構性因素與社會污名，以逐漸消除社會對無家者的偏見以及刻板印象。

無家者不是智者或安貧樂道的哲學家

網路上許多「路人給街友一美元，結果街友這麼做，讓他感動落淚！」「街頭實驗——給街友一塊披薩，他的舉動讓世界都震驚了。」「女子給流浪漢一塊麵包，她得到此生最棒的財富。」……這類的都市童話，導致有些純真、善良的人，他們很可愛的把無家者想像成智者或安貧樂道的哲學家。

我第一次發現這件事，是在街遊導覽的問答時間。

遊客舉手問導覽員，「你可以跟我們分享你在街頭上學到的智慧嗎？」「要怎麼樣，才可以像你一樣又窮又快樂呢？」「你覺得正確的人生方向是什麼？」連我都覺得很驚訝了，遊民導覽員當然是完全聽不懂。

遊民導覽員開始胡扯些台北市歷任市長，要在萬華蓋纜車或……之類必須被消音的言論。

也許符合大家想像中的智慧長老型無家者有吧，只是我沒有遇過。

我遇到的大部分都是這樣，例如，今天早上。

住民A開擴音，大聲和手機另一頭說：「我要應徵你們的工作！」

手機傳來：「你要打另一支號碼喔！02-23661233！」（此號碼是我胡謅的，請不要真的打過去。）

住民A：「2366-1223？」

手機那頭，還是很有耐心：「2366-1233！」

住民A：「2336-1233？」

「2！3！6！6！1！2！3！3！」

住民A：「2363-1233？」

電話那一頭超激動：「你用筆記起來！2366！1233！」

旁邊抽菸的B終於忍不住了：「你開個電話錄音啦。講那麼多次，連我都背起來了。」

住民A：「我講個電話，你是在吵三小啦。」

然後A氣pupu的掛掉手機，走進去房間裡了。

其他的雞毛蒜皮鳥事，更是不勝枚舉。

我常常會看著年過半百的他們，在內心碎碎唸，你們一定要這麼幼稚嗎？我完全相信他們就算活到八十歲，心中也永遠住著十五歲的中二少年。

人類都這樣……

這陣子，因為個案導覽員受傷、生病、鬧脾氣，所以今天換成我來帶導覽。遊客是二十個小學四年級學生與十個隊輔，總共三十個人。

開場時，社工就暗示我：「這梯小朋友很活潑喔！」果然，從一開始就非常激烈。

「我不想聽導覽欸，可以把耳機拆掉嗎？」

「咦，為什麼不想聽呢？」

「我想聽歌。要怎麼轉台？」

「這個導覽機不能聽歌耶，那你唱給我們聽，好不好？」

小鬼頭們，給點面子啊，可惡。

「我們什麼時候可以吹冷氣？」

「下個地方就有冷氣吹囉。再等一下^_^。」

要吹冷氣，就不要來參加戶外徒步導覽啊。老娘體脂肪百分之三十六，汗流浹背，都沒在抱怨了……

反正就是一路瀕臨失控，我預定要講的內容，大概有八成都改掉了。

看著小朋友們發散，不，根本沒有主線的提問與亂跑，我突然覺得我平常的個案們其實挺可愛的。

平常，我總偷偷認為個案注意力發散、EQ低、認知專注時間短，才會造成他們在職場的劣勢，進而被排除，但在小朋友完美重現導覽員的某些特質後，我覺得這其實不是如我想像的那些負面歸因，而是，人類都這樣。

我突然感到意外的療癒。

人安的地下室冷氣拯救了他們。我猜他們回去後，應該什麼都會忘記，但會記得人安基金會與順手捐發票，救救老殘窮。

各位社工們，如果你覺得你的個案很機車，那你一定要服務看看目前領域以外的族

群。

例如，你是做遊民的，那麼，就去帶一群嘰嘰喳喳的小孩。如果你是做早療的，那麼，就來試試看服務婦女。你會開始覺得，你的服務對象們還挺不錯的。

體會到的，不只是流浪

老實說，我不是那麼喜歡辦體驗營，因為很麻煩，可能會有很多突發狀況要處理。例如，體驗營導師丟下學生，自己回家睡覺。學員抱怨工作人員不重視學員安危。學員抱怨有人一直拍照，很煩，有經過他同意嗎？學員抱怨掃地有什麼好體驗的，很無聊。學員不吃飯，然後又說體力不支、老師剝削學員之類。

因此，這次的體驗營我並沒有參與很多，只負責開場與小打雜。

體驗營結束後，我問起祕書長，成果發表會還好嗎？卻聽到了讓我很意外的故事。

「你還記得那個國小的妹妹嗎？」

我回想了一下，黑色及肩短髮，白白的皮膚，很可愛，但也很令人擔心到底禁不禁得起流浪。

「她是特地跟學校請病假來參加的。」
「請病假?!」
「對呀，原本禮拜五要上課，可是她媽媽希望女兒可以體驗這個有意義的活動。她爸爸原本很反對，幹嘛要讓女兒請假去做這種事。她也不太想來，寧願在學校跟同學玩。」
「可是活動開始前，她的態度看起來好好的，不太像非自願耶？」
「對呀，她想來都來了，就好好體驗。他們那一組抽到去東門賣《大誌》。她心想，天啊，為什麼是東門？因為她讀東門國小。去那邊賣《大誌》，一定會被發現。」
「怕賣雜誌很丟臉嗎？」
「不是，因為她是請病假來的，會被老師、同學發現說謊。而且還賣雜誌，做奇怪的事。」天啊，國小應該是最重視同儕眼光的年紀了吧？當然會害怕自己和同學不一樣。這的確壓力非常大。
「她就在想要不要退出，但後來想老天爺都這樣安排了，於是繼續參加。」
我開始佩服這個勇敢的女孩了。
「但一開始真的很尷尬啊。她的同學們迎面朝她走過來，可是同學沒有認出她。她發現同學會避開她的眼睛，刻意假裝沒看到地走過去。她上台發表心得時提到，她在想為什麼會這樣。她發現平常在學校的時候，她的同學會跟她那麼好，是因為她身上穿著的那一件制服。她們的身分是同學，所以今天沒穿制服的時候，他們就會認不出來。同學們會跟她當朋友，是因為那層關係。所以她的感想是，以後她認為是對的事情，就會去做，不需要顧慮其他人的眼光。因為他們會注意你，是因為你們是朋友，而不是因為你做了什麼事。」

「天啊，國小五年級講這種話？她的媽媽應該很驕傲吧。」

「對啊，她的媽媽眼眶含淚，非常以她為傲。不過媽媽的壓力原本很大，萬一來參加營隊出了什麼事或不好，怎麼跟孩子的爸爸，還有孩子交代。」

「媽媽真的不得了呢。」

「她的媽媽也很妙。她媽媽說，自己其實是很愛面子的人，不跟別人求助。她以前一直不懂那些人怎麼可以拉下臉皮，到處跟人借錢，但經過這次的體驗營，她終於懂了。人在貧窮的時候，為了孩子，什麼都做得出來。她是學校的家長會成員，對東門超熟。在東門附近賣《大誌》，一定會遇到朋友，結果，還真的遇到了，但在她和朋友對上眼的那一瞬間，她原本猶豫到底要不要過去打招呼，還是要假裝沒看到。她的朋友也很尷尬，看到她在路邊賣東西。不過，一秒過後，她就做出結論了，《大誌》沒賣出去，就沒有錢吃飯。她可以餓，但孩子不能餓，於是，她立刻走向朋友，跟朋友打招呼，說：『嗨，怎麼沒認出來啊?!』接著叫朋友一定要買《大誌》，而且還叫朋友的朋友一起買。那一天，他們共賣了二十八本。」

「一天賣二十八本?!」

以一個初次銷售的《大誌》販售員來說，這是非常不錯的成績。

謝謝體驗營的工作人員與志工們，還有願意冒險，總是被罵傻子的參加者。你們體會到的，不只是流浪。

身而為人，閃閃發亮的一部分——寫給志工們的信

阿鴻出車禍了。

阿鴻在騎腳踏車回家時，被一輛賓士360撞到，導致小腿粉碎性骨折。送醫後，醫師指示阿鴻應該休養兩個月，把骨頭養好，才能恢復原本行走的功能。

芒草心協助阿鴻處理後續的程序與經濟上的問題，所以先暫時取消阿鴻所有的導覽，因此，這幾天，我都在聯繫遊客處理轉換場次與退費的問題。很開心的是，我們的遊客都是天使，大家都很配合，還問候了阿鴻。

另外，我們也協助購買阿鴻的輔具與工作上的聯繫，希望能讓他在養傷期間，也能維持經濟。如果大家想要寄補品給阿鴻或寄卡片給他，就請寄過來，我想，他會很開心地露出沒有牙齒的笑容。

至於光伯，目前我們在協助他打撫養官司。因為想取得低收老人福利身分，所以不得不這麼做，現在在等待開庭。

光伯一樣天天抱怨錢不夠，然後偶爾簽六合彩。

六月初去紅包場，光伯很開心，還偷帶家裡的高粱與威士忌，加在紅包場的茶裡面，我發現後，被我沒收（當然後來有還他啦，不然喝酒又騎腳踏車，實在太危險）。

光伯被我唸一頓，我叫他少簽六合彩，少去找小姐，就會有錢了。

光伯卻很認真的看著我說：「我當然知道你跟我講這個是為我好，可是我不能找小姐、不能喝酒、不能簽六合彩，人生有什麼樂趣。我現在每天一起床，想到六合彩開牌，就覺得，嗯，人生有開心的事。」

小胖（註）最近身體不太好，上週的紅包場活動，他原本要來，但早上打給我，說他全身動不了，下午不能來了。

想到阿鴻之前中風的前例，我立刻叫了救護車，並請同事去幫忙開門。

小胖被抬上救護車前，還一直對同事說：「你幫我跟李小姐說，我下午不能去了……」那種事情沒有比身體重要啊，大笨蛋。

後來醫生說小胖是因為低血糖的關係，才會導致暈眩與沒有體力。目前小胖早上都會去社福中心打掃，週末做導覽，並接接單位的演講，經濟上沒有太大問題，倒是健康，比較令人擔心。

這些個案導覽員都很穩定的不穩定著。我雖然常常被他們搞得很生氣，但也能從他們身上看見身而為人，閃閃發亮的一部分。我很希望大家來當志工的時候，都能和他們聊聊天，給他們打氣與支持，並從他們的神情上得到能量，再繼續回到你的生活中，慢慢地走下去。

P.S.總是哭窮的光伯，聽到辦公室有超多回收品可以載去賣，立刻就騎腳踏車來收了。但當他一看到路邊駝背的資源回收阿婆，立刻改口，說他不要了。他要把回收物通通給阿婆，並開始幫阿婆綁在推車上。

註：小胖未過世前所發生的事。

感人的回饋

在聽了超過一百遍的遊民導覽之後，我很快就可以知道眼前的遊民導覽員講的是廢話，還是認真導覽。

每一次，我伴走時，只要是廢話，我一定會立刻打手勢，叫導覽員往前走。而我們每季都會統計遊客的意見回饋，這一次發現導覽員的時間控制評價，比去年還高。想到熱愛發散、從內子宮聊到外太空的他們，居然有如此長足的進步，我不禁內牛滿面。

雖然很多時候聽他們導覽講廢話，我都很想掐死他們，但看到遊客的回饋後，又覺得充滿獨特味道的他們，也滿好的。

以下是遊客的回饋：

「阿鴻的導覽方式有一個特別的地方，或許會被某些人覺得不夠專業，但我自己相當喜歡，就是，他常常一邊走著，一邊叨叨絮絮，講起很多雜事，而不是定點在一個地方後，再用很洪亮、清晰的口氣解說。

當我們用耳機，聽著他隨口說的這些雜事，一邊走在萬華的巷弄之間，反而會有種融入其中的感覺。好像阿鴻是我的一個街友朋友，跟我介紹著他家附近的一切有趣事物。我不知道別人是怎麼樣想的，但總之，我覺得這是很奇妙的歷程。」

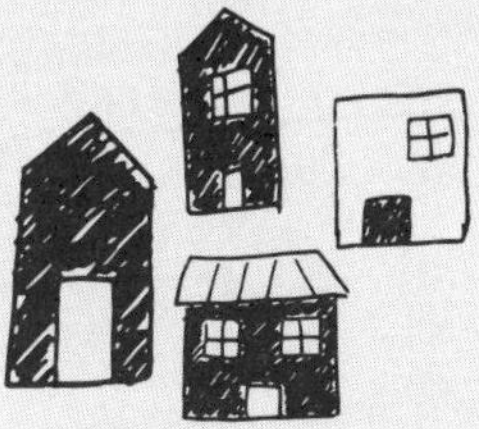

輯三

困境・省思

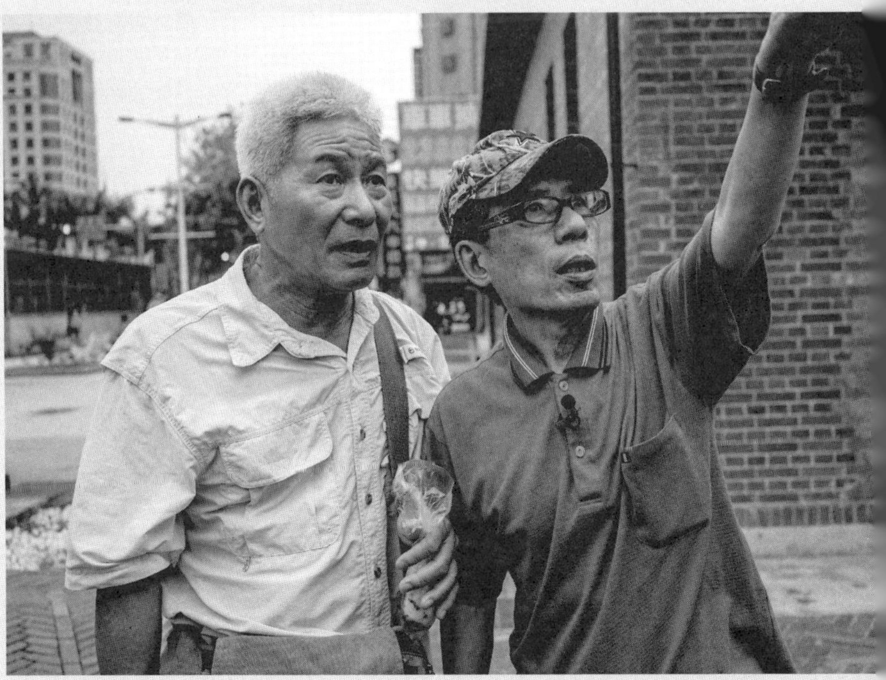

原本是培訓個案做街遊導覽，雖然最後沒有成功上線，不過個案改去當真人圖書館講者，也很棒。（右為個案）

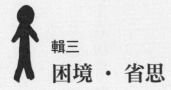

我們只能一直讓個案不要死而已

在新北地區，處理遊民的社工人力非常吃緊。三個社工要跑整個新北市，還要加上主動來機構求助的個案們，我們根本連出辦公室都很難。所以，如果接到民眾陳情某處有遊民，我們會先請轄區派出所，幫我們查人籍資料，是不是我們服務過的個案，然後抽空過去看他，協助他醫療、安置，或是找工作之類。

不過，大部分的時間光是坐辦公桌接電話就忙不完了。剛到職時的三個月，我都還沒有機會在上班時間去街頭上主動發掘遊民。以我們的人力編制，只能被動的應付前來求助的個案。

可是**真正弱勢的個案，可能連走進來我們機構的能力都沒有。他可能不知道有這個資**

源，或他可能連走都走不動。

還好機構有夜訪志工，每週都會去公園的訪視路線找遊民，給他們熱食，還有我們中心的資訊，讓他知道有需要的時候，可以來找我們。

於是外展社工就會在辦公室接到各式各樣的案子，例如：真正在街頭上的遊民；沒錢繳房租，快變成遊民的貧窮族；出了監獄，沒地方去的更生人；去公園喝酒，有家不回去，被當成遊民的社區民眾；想來吃免費食物的附近居民等。

而光「誰是遊民」，就可以吵很久。

剛被房東趕出來一天，算遊民嗎？睡在議員辦公處門口四個小時，算遊民嗎？六十五歲，有身心障礙手冊的遊民，該由老人課、身障課，還是我們遊民外展中心處理？更生人出獄後，沒地方住，算遊民嗎？女性被家暴，從家裡被趕出來一天，算遊民嗎？如果在街頭的，通通算遊民，我們三個社工有辦法接下整個新北市街頭的人嗎？

林萬億教授畫了一條清楚的線，「遊民定義為經常性露宿，超過兩週者。」但當一個在外頭睡了三天，虛弱來求助的個案站在你面前，你真的能硬下心來說：「你沒睡街頭兩週，不是遊民。」這種話嗎？

其實，露宿愈短的個案，反而愈好處理。等習慣街頭文化之後，要回到一般人的定居型生活就很難了，於是外展社工還是會看情形收案，但收了之後，往往會被後端的工作人員抱怨：「你們不是常常說案量很大嗎？這種明明就不符合收案標準的，為什麼要收？」

但是當個案站到他們面前陳情或投訴時，他們還不是一樣會收。差別就在於個案有沒有站在你面前而已。

案量多，就算了，因為在社福領域裡，每個社工的案量都超級多的，所以我也覺得還好。但令人困擾的是，就算我們幫個案申請到身障、老人或低收入戶等福利身分，個案卻還是轉不出去，因為光是現有的案量，就把社工的時間都榨光了。

以前我一直覺得這是新北市的問題，但參加了「全國遊民研討會」之後，發現根本全台灣都是這樣。我們新北市雖然經費少，但機構多，已經算幸福的了。

這陣子，我在做方案核銷，我發現主管單位給我們的經費，大多都是熱食或衣服等等物資的錢。

「我們為什麼不多申請一點人事費啊？說是輔導方案，但通通都是便當錢，至少該要個輔導的人力吧？」

「有申請啊，但他們不會給啊。」

這三個月，我發現，**其實個案們缺的並不是物資**。物資很好處理，發泡麵、給毛巾、提供洗澡的地方。募集這些物資容易，又有業績。

但他們吃完泡麵、洗完澡之後呢？還是沒有穩定工作，還是沒有家庭支持，還是沒有人生目標啊。

很多住在安置機構的遊民，我們把他身體養好了，存好錢了，讓他出去了，但他過了幾個月，又喝酒喝到路倒送醫。

一切從頭歸零。

如果沒有人好好陪伴他，了解他心裡的洞，刺激他產生行為改變的動機，陪他走過辛苦的過渡期，想辦法連結更多社區支持，讓他回歸社會，重新站穩，那麼，我們只是不斷在做重複的事情而已。

這些都需要時間，而以目前的人力編制，我們根本很難做到深入的服務。我們只能讓遊民不要死在路上而已。

但如果你是民眾，你會讓你的捐款成為機構的人事費用？還是看得見的毛巾、泡麵、寒冬暖暖的外套？

大家都希望是後者，所以我們只能一直讓個案不要死而已。

我們把社會安全網補好，好嗎？

以前在做遊民外展服務的時候，我的工作之一就是想辦法安置路上的街友。有些街友會對天空喃喃自語、咆哮，讓路過的人感到很害怕，於是民眾就會打一九九九，請社工到現場處理。

我不是神，也不會心靈控制術，如果遊民不想去看醫生，不想接受安置，我也不能拿他怎麼辦。

民眾問我為什麼不帶遊民去看醫生。但遊民說，他不想去呀。民眾會說：「你們應該強制他去啊。萬一他砍人，怎麼辦？」

社工沒有強制遊民就醫的權力，不過，我們可以辦聯合會勘，請警消、里長，還有衛生所的公衛護士，到場評估。

只是，能夠在外露宿長久的疑似精障者，在沒有攻擊別人與傷害自己，只是喃喃自語或對空氣謾罵的個案，通常公衛護士都會說：「他沒有自傷傷人之虞。」因此無法強制就醫。然後民眾一直通報，我們也只能寫上「無安置意願」來回覆陳情，然後再繼續面對每天無止境的個案。

整個遊民外展服務只有三名第一線社工、一名督導，加上一名主任，卻要應付整個新北市，包含金山、萬里、深坑、石門、淡水的街頭遊民與疑似街友。

如果可以不用考慮社工建立關係的那一套，而我能以影分身之術，複製一千個社工的話，應該就可以吧。

雖然我自己也不喜歡強迫別人去做他不喜歡做的事，但如果一直被重複通報同一個案件，我也會覺得自己很無能，沒把事情做好。

我夾在中間，像夾心餅乾。

我很苦惱的打電話去問衛生單位，這種案件他們都怎麼處理，有沒有什麼街頭的精神資源是我可以使用的。例如，請精神科醫師到街頭或社區來協助等等，對方冷冷的

說，沒有這種服務。因為要去醫院，才有治療或診斷的工具，而且在街頭上不能刷健保卡（註）。

當我一聽到「在街頭上不能刷健保卡」時，我整個傻眼。如果是這種事，那麼，我們想一點行政流程改善的方法來解決就好了，不是嗎？

我接著問對方，那麼，還有其他可行的建議嗎？

對方隱晦的說，還有一種方法，就是我們在跟個案會談的時候，如果「不小心」激怒他，讓個案對我動手。公衛護士就可以說他有傷人之虞，把他強制就醫。

這個建議真是太讓人憤怒了。這不是挖洞給個案跳嗎？我是從事助人工作，如果這樣做，那麼，我與國家控制的機器有什麼不同？我寧可辭職。

在某一次的「全國遊民聯繫會報」裡，有社工提出這個困境，他問公衛護士，為什麼要把強制就醫的門檻設這麼高。

公衛護士看起來積怒已久，一抓起麥克風，就劈里啪啦：「評估有評估的要件與程序。你們每次都說要強制就醫，要強制就醫，到時候當事人有質疑，有想過被告的是我們嗎？我們只是關懷個案，為什麼還要扛強制的責任?!實際上，也沒有法律授權給我們或醫師，是警察才有管束的權力。」而醫院社工也很不高興這個程序把喝酒的、街頭沒病的都丟去醫院。

於是，整個會報討論了半天，所有的衛生單位、社福單位、醫療等第一線單位，大家都很生氣，但還是沒有任何結論。

在某一次的教育訓練上，我問消防學長：「聽說有些消防學長會故意惹怒街頭上的精神病人，等他們動手的時候，就把他們強制就醫。請問，這是真的嗎？」

學長老神在在的說：「對呀，有些人會這樣啦，比較乾脆。不然他們會一直打進來叫救護車……」

他頓了一下，「也不是每個人都這樣啦，有些人而已。」

實情是，也不是只有故意惹怒對方這個方法而已，另一種是和醫院熟識的醫師說好，醫師直接隨著民間救護車一起來，當場就把病患約束、收治進醫院。

強制就醫是一件非常灰色地帶的事情。雖然在現有的法規下，看起來不能隨意把人強制就醫，但如果真的要這麼做，還是有很多方法的。

除了可能造成人權的侵害以外，醫院也不可能讓病患住院一輩子。出院之後的病患沒有地方可以去，又回到原來的環境，又繼續發病，又再把他／她強制就醫，又再放出來，又再抓回去……除了浪費時間，浪費人力，浪費金錢以外，沒有任何好處。

與其把錢、時間、人力花在無效的行政流程上，還不如好好協助精神病人的家庭支持、人際網絡、醫療補助與居家服務、社區精神復健中心、街頭醫療資源，好好的把網補好。

將資源投入在社區服務網絡的建立，讓病人可以重返社區，在社區中復健或生活。

強制就醫就只是「強制」「送到醫院」。醫院關不住病人的行動，多半還是要回歸到社區，進不了家庭，就回到了街上，無限輪迴。

註：每一個縣市的做法與資源不一樣。例如，台北市的遊民社工就可以使用遊民重建金，來支付街頭精神醫療的支出，但在我的新北工作經驗裡，並沒有這份資源。

有好多社工的心，不斷死去

「我看了他們的紀錄片，真的是很感動。」長官在社工培訓課程上，分享她看了社區工作者在暑假帶十一個孩子鐵馬環半台紀錄片的心得。

十一個孩子都來自於高風險家庭，台下是十個社福中心的社工。

社工A：「剛剛小C認出來，其中有一個是她的個案耶。」

社工B：「全部都是個案啊，又不只那一個。」

社工A：「通通都是你們家的，課長一定會問……」

社工B：「你別再說了，光是一個志工團就要讓我們吃不消了，別再來了……」

長官繼續發言：「你們看，他們帶這十一個孩子，也沒花什麼錢，就有這麼深度的改變。我們很多夥伴整天說沒有資源，但他們有資源嗎？重點是，真正去思考怎麼樣對這些孩子才是最好的。我每天都看社工的結案報告，裡面出現最多的就是『案家經濟問題改善，予以結案』。經濟改善是改善什麼？就是把家庭納到低收入戶、領補助，但我們看到什麼結果？個案持續來索討物資、要補助。我們創造了更多福利依賴（註）的個案。給錢，但沒有改變。」

台下數十位的社工沉默。

這十個社福中心的社工，這週六還要去帶活動，沒有加班費，頂多補休。

「我看他們做得這麼好，就常想，為什麼人家沒有錢也可以辦到。錢只是工具，問題在，有沒有心啊！」

……………

會後，我在門口遇到長官。

「有機會的話啊，你一定要去看紀錄片。上次講師還看到哭呢。人家沒有錢，也可以做成這樣，我們真的要好好學習。」

反正長官不是我的長官，我試圖禮貌的開口：「長官，我想如果我們的社工案量只有十一個，是不是有可能也可以做到深度的服務？」

好啦，我知道我很白目。

長官臉色一變，「我們的思考就是很常陷入這種傳統的框架限制。今天十一個孩子，以後會變成十一個家庭。如果問題沒有解決，我們都看過個案生小孩，小孩也是個案，小孩的小孩也是個案，一家人都是個案。這樣，案量只會愈來愈多，不斷複製。重點是，我們有沒有心要解決問題……」

我的腦海中浮現出好幾張臉。

在學校充滿理想，社工考試得到全國前幾名，點子超多、活力又充滿熱忱的她，畢業兩年後，跟我說她再也不要當社工了。

另外一位總是溫柔，立志服務兒童的她，現在只想辭職，離開不斷評鑑的鬼地方。

還有好多好多充滿熱忱的心，不斷死去。

這究竟是什麼吃人的專業？

如果沒有心，那也是被這個體制給吃掉的。

註：福利依賴是指認為人們若長時間領取社會福利，會造成不願工作的問題。

轉介不出去?!

如果你在街上發現一個雙目失明，渾身發抖，瑟縮在街角的老人，我相信大家的反應應該是，「天啊，這個老人好可憐，他需要幫助。」但在社福系統裡，會變成如何呢？社福體系裡有一群人認為應該把社工專科專精化，於是把社會福利分成身心障礙、老人、醫療、兒童少年婦女與醫療、心理衛生。你做青少年的，你就好好做青少年。等做五年，再上課通過考試，你就可以變成很棒的專科社工。他們期待這樣可以降低社工的流動性，至少你如果要成為專科社工，一定要待在某個領域五年以上。而基層社工希望可以透過「專科社工」牌加薪，而且這名字聽起來好專業，感覺整個人都自信了起來。

但將它擺到我們的現實社會中，會是怎樣呢？

個案量太大，社工薪水低，一個窮社工有的身上還背到上百個案件。只要隨便一個個案出了狀況，上了報紙，社工還會被推到火線上究責。

如果，你真的是佛心，來普渡眾生的社工，來者不拒地大量接案，你的長官可能還會被長官的長官苛責，「為什麼你們這裡的遊民／高風險家庭／問題青少年（請自行代入）……愈來愈多？這樣別人會說我施政不力，一定要把數字控制下來。」

所以，大家能推案的就盡量推，因為不是你死，就是我死。大家都不想死，那只好個案死，反正在上位的官員媒體關係好，很會壓新聞，不會有人知道。

我自己碰到的第一線狀況，就是如此。

區域社福中心：「這是街友，我們無法家訪到他，轉介。」

身障單位：「這是老人，轉介。」

老人單位：「這是遊民，轉介。」

只有三名社工，卻要負責整個新北市的遊民單位：「他戶籍不在這裡，轉介。他有其他福利身分，轉介。幫他租到房子了，轉介……唉，根本轉不出去呀！」

上網行乞?!

我覺得審查低收入戶的社工夥伴超偉大，那是我能想像的整個社福界，會累積最多負能量的地方。

同學C，我們每次見面，她都和我抱怨工作的事情。

某低收入戶A太太又在臉書的知名爆料公社，講自己多可憐。下面眾人的留言，除了同情A太太以外，還抨擊政府無能，社工與社會局都是廢物，怎麼不會去幫幫A太太……

然後，這則貼文被截圖起來，傳到地方首長的群組。地方首長立刻把截圖傳給C的主管。要主管查這個A太太是誰，為什麼沒有列管到。

而可憐的C就要憑著卡通臉書圖案與菜市場英文名字，拼湊出A太太究竟是誰。

而C花費大把時間，發揮柯南精神，找出A太太到底是誰後，心裡非常憤怒。

原來A太太早就有一大堆的政府補助與福利，民間的資源也沒少。

而每次C上門送物資與訪查的時候，A太太態度都很差，一副都是政府欠我的樣子，工作態度也非常消極。

「這就是上網行乞!!我們明明給他們超多資源，她卻只要上網哭窮、裝可憐，就有很多好心人直接給她錢，罵我們社工都不做事。」

C的話裡，藏不住委屈與氣憤，要不是顧忌社工倫理，恐怕會有更多話說出來。

我問C，「為什麼不把你碰到的實務漏洞寫出來呢？不然，整天被我們這些民間組織罵政府無能，都不會很想反擊我們嗎？」

「寫出問題來，就只會讓規定愈訂愈嚴。我們也不想用更細的法規，堵死現在社工還有空間處理的那些需要的人啊。」

C嘆了口氣。

她也不願意出了氣，但減少了可以幫助個案的機會。

薪水沒多少，但卻花超多時間在與民眾搏鬥。

對方抱怨你的機率，遠遠大過於感謝你。

看到的人性黑暗面，比成就感還多，但偏偏又不可能沒人做這些業務。

而且你代表公家單位，要講出這些真實面的東西，包袱比民間單位大太多了。

很多時候，只能自己默默吞下去。

不租給貧窮老人的房東，並不是壞房東

某個深夜與弟弟聊創業，他常看我po個案找不到租屋的文章，問我如果他當二房東，專門租給窮人跟遊民好不好。

「千萬不要，你會賠死。」我相當慎重地打槍弟弟。

咱家的前輩前幾年搞了一個實驗，他租了一個三房一廳一衛一廚房的家庭式給個案，由裡面個性比較丁晶（台語）的案主當收租暨管理人，他負擔的租金少一點，負責每月向其他兩房收租、繳水電、招攬房客。結果另外兩位房客，一個整天在家吹冷氣搞到電費七千元，另一個總遲繳租金，還避不見面，搞到負責催收房租的案主蒼老了十歲。就我所知，咱家前輩這實驗賠了不少錢，還不敢跟老婆講。（請大家知道的話不要說出前輩名字，也不要告訴他老婆啊。）

如果你的房子租給貧窮人，首當其衝的就是你每個月不一定收得到租金。而房東能租給學生、上班族穩定收租，為什麼要租給七老八十、隨時可能死在你家的房客？其實也是因為房東自己沒錢重新裝潢，屋況差，所以只能租給窮人。

我今天打給房東，詢問個案繳租金的情形，我才得知個案雖然有我幫他申請的每個月租屋補助，但錢才剛匯到個案的戶頭，就被他領出去花光了。

個案要繳房租，還要跟親人借錢。但該繳兩千元，個案卻只給一千兩百元，讓負責匯租金的室友A壓力很大。房東氣他們不準時繳租金拖欠，個案卻還覺得幫忙催租金的室友A很機車。

七老八十的房東打電話給我，他用懇切無比，彷彿下一秒就要死掉的真摯語氣對我說：「社工，你去叫他們準時匯房租到郵局那個戶頭，好不好？我膝蓋不好不能走，五月要到了，要繳房屋稅、地價稅。我慢慢撐拐杖，走一點，休息一點，好不容易走到郵局，去刷本子領錢，要付稅金，結果郵局沒有錢……」
我聽了都要哭了，這就是弱弱相殘啊。我介紹個案給這個蒼老又窮的房東當房客，是不是害了他？但我們身為社工，能做的也都做了。幫忙申請租屋補助、介紹工作，但個案愛喝酒，又上班兩天就不去，當初個案的法律問題也是我們幫忙解決。掛上電話之後，我無力、沮喪又憤怒地轉頭問同事，我覺得個案爛泥扶不上牆，是不是政治很不正確？

租給貧窮人，除了欠繳租金的風險以外，另一個就是屋況的維持與折舊的問題。許多在街頭生活久了的個案，因為內心的匱乏感而有囤積症，家裡東西堆得到處都是（不用講窮人，相信許多人的父母、長輩也有這個症頭），而若是撿回收，也因為要蒐集大量物資才能拿去賣，所以東西往往塞滿狹小、不通風又木造隔間的雅房，發霉、壁癌、蚊蟲、老鼠蟑螂、易燃物，萬一個案還為了省錢在房間自炊，那麼，完全就是火燒屋的前奏曲。
租給貧窮者，屋況的折舊與失火的風險是肉眼看不到，但卻巨大的隱藏成本。就算內

政部補助老屋修繕更新，個案這些習慣沒改，無論多高級的裝修，也立刻變成未爆彈。

而年紀大的人死在家裡，也是很有機會發生的事。

我之前陪個案看屋的時候，個案發現房東就是之前租給她朋友B的阿嬤，阿嬤也認出來個案就是害她花三千元清潔費，清除堆積垃圾的元兇。

不會看臉色的個案追問阿嬤，朋友B是怎麼死在屋內的，等我把個案帶回艋舺公園，她還在碎念房東太無良，死過人的房子怎麼可以租出去。

我很認真地看著她：「每個地方，都死過人喔。」

她還在氣憤：「不是啊，死過人的地方沒有超渡，住的人運勢就會很壞。我還寧願住公園，這裡人多，氣比較旺。」

我繼續問她：「你知道艋舺公園死過幾十個人嗎？而且這裡是全台灣街友最密集的地方，會變成街友的人，運勢更差喔，這裡是全台灣聚集最多運氣差的人了。你去住雅房，至少還只死過一個，睡公園死好幾倍喔。」

個案愣了一下，意識到我說得對之後，退了一步：「那至少不要讓我知道有死過人嘛。」

這個「退一步」對我來說，是很大的進步。

很多個案租屋的條件根本是空集合，要租金五千內、要離捷運近、要低樓層、要可以放戶籍申請福利、要老人身障可以住。社工千萬不能扛下所有壓力，把自己當超人努力去找，因為你可能只會養出一個出一張嘴開條件，還嫌社工爛的個案。**你要讓個案自己也要找，帶著她去被房東打槍、去經歷失敗，這樣才能長點現實感，珍惜得來不易的機會。**

講偏了，我不自覺又吐起苦水來。

房子租給個案，房東要承擔個案為了申請福利而資料被提供給政府。持有好幾間的房東，被報上去的累進稅率，不是一個房客多收幾百塊、一兩千能抵掉的，還要承擔欠租、屋況加速折舊，甚至幫忙處理後事或房子被貼上凶宅的後果。有理智的房東，只要稍微計算成本就會知道，挑個穩定繳租，不吵不鬧，最好自己處理水電，維持好屋況的好房客，才是正確的選擇。

不是房東自私，而是整個體制逼他們這麼做。

但誰不會老呢？如果你沒有買屋，四十年以後，你要住在哪裡？現在騎機車通勤的你，有可能出個車禍，變成肢體障礙，而無法租沒有電梯的房子。現在體脂過高的你，有可能四十年以後中風腳沒力，爬不到三樓。你想「我生養小孩，他們會養我」，如果你的個性習慣控制一切，你老了變龜毛老人，子孫可能都不想鳥你。如果你人太好，老了不想麻煩子女，你很有可能自己就默默去睡公園。（不要覺得太扯，我在艋舺公園遇到三個以上這樣的老人了。）

去理解無家者的議題，從來都不是因為做愛心或很天使，而是因為我們未來都有可能碰到他們面臨的問題。就像你不會因為想要讓身體健康，把跑步練心肺稱為做善事一樣。

如果我們有個制度可以讓房東沒有這些後顧之憂，房客死了有專門的清潔社，一通電話處理到好；有保險制度，讓房東不用承擔欠繳租金的風險；有個好制度，讓租給窮人有市場、會賺錢，那麼，我們四十年以後可以更放心，不會讓大家只想到身上沒錢，但還沒死的時候，就去安樂死。

社工，你有多久沒好好休息了？

遊民外展社工是一份很需要強大動力的工作。

從字面上想像起來，應該是騎著機車到處去找遊民，關心他們的快樂小社工，但實際上，光是在辦公室裡接應來尋求幫助的個案都來不及了，大多只能被動的處理民眾通報來的案件，因此，連「可以去現場處理通報」都讓我感到羨慕。

往往從早上九點開始，電話就會不斷的湧進來。

醫院社工問我們，有一個住院男子沒有家屬，我們可不可以幫忙付他的醫療費。區公所打來問，有民眾沒有地方住，我們有沒有地方給他住。民眾打來說，有神經病請我們到場處理……線路被打到全滿，是常有的事。

前輩曾笑說，會來當社工的，一種是滿腔熱血，不怕死的。另一種，是甘願入地獄，不想活的。

我很幸運，有一群屬於前者的熱血夥伴。

他們常想著，怎麼做才會是對個案最好的方式，然後努力去做。但只有一隻手可以數完的人力，卻要負責整個新北市遊民的業務，再扣掉行政人力後，能直接服務的社工，真是少得哀傷。

安置床位有限，福利預算有限，社工的時間與人力有限。在有限的資源內，該服務怎樣的個案，就是很大的問題。

在做這一份工作以前，我期待自己是積極、主動的社工。有個案來，我就評估，服務他，或者幫他轉到他適合的地方去。但做實務之後，「轉介」的困難讓我超挫折，大家都資源有限，往往我們一接，就再也轉不出去了。

我只能在死自己與死別人之間，選一個。

其他機構也有同樣的困境。大家開案標準愈來愈嚴苛，變成惡性循環。常常在接完不符合服務對象的不開案電話以後，我都會很痛苦的對督導說：「我好怕我變成我討厭的那種，很愛踢皮球的社工……」

我希望我有三頭六臂，無限個影分身，這樣我就可以服務每一個有需要的人，還可以優雅的做完自己都滿意的行政。但事實就是，做夢去吧，菜鳥李社工。

高案量的情況下，社工只能很淺又大量的做個案管理。之前社工系課本上提到的，慢慢建立專業的關係，完全是奢侈品。

個案來來去去，社工不斷的在解決每天重複的醫療、安置問題，成就感不高，社工的專業耗竭卻很大。

我可以理解社工流動量大的現象，這不只是低薪的問題而已。

看著夥伴的工作量爆炸，其實我很難過，我很想有多一點的能力cover他們，但，我沒有。我只是個連核銷都快搞不出來，需要協助的泥菩薩。

但，總是有我可以做的吧？我想讓他們在疲憊的時候，感受到自己是被愛的，於是，我最近開始偷偷進行「愛的計畫」。

我偶爾抱抱夥伴們，按摩兩下他們的肩膀，摸摸他們的頭與下巴說：「你真的好棒喔。」「謝謝你今天……」

但我的意圖可能太明顯而拙劣，一開始，他們還說：「你幹嘛這樣……」但溫水煮青蛙，我相信一陣子之後，他們就會習慣我的肉麻了。

沒有一顆懷抱熱忱的心應該被壓垮。我們努力打造理想國，並告訴其他人說，去吧，就是那個方向。這麼美好而認真的助人者，應該被好好的對待，而我愛著眼睛發出星星光芒的你們。

加油，平常這兩個字很容易說出口，但看著拚命壓榨自己的夥伴，我只想說，不加油，也沒關係啦。你很努力，而你已經多久沒有好好休息了？

不以安置遊民為目標?!

在當遊民社工之前，我從不覺得遊民是該被解決的社會問題。誰規定人一定要住在建築物裡？四海為家，也是一種生活型態。要是有機會，我甚至也想體驗流浪的生活。

但當了遊民社工一陣子之後，我開始對原先的價值觀感到懷疑。

那是一個忙碌的下午，一個喝酒喝到痛風的個案前來。我開立醫療轉介單，讓沒錢的個案可以免費看診，由市政府代付。

「為什麼納稅人要為了你的自由付出代價？」我的內心，突然有種冷冷的聲音跑出來。

露宿在街頭，日夜溫差、環境髒亂、容易染上傳染病的公共空間、快速車流的馬路，都增加遊民罹病的風險。

有意願接受安置的個案，我們一定會幫他找地方住，但對於沒有意願的人，即使我們說破嘴，也沒用，他們就是想自由自在的生活。

「你要自由，當然可以，可是為什麼當你因此需要資源就醫、生活時，要拿納稅人的錢替你支付？你的自由沒有相對的責任嗎？」我深深的感到懷疑，並認真的想把個案送離開充滿風險的街頭，想辦法鼓吹他們去找穩定工作，去住有屋頂的地方。

前幾天，我在寫個案紀錄，那是一個被安置在機構的個案。紀錄中，他的照片膚色黝黑，滿臉鬍渣的坐在瓦楞紙板上。被陽光曬成赤銅色的肌肉，雙眼炯炯有神，瞪視前方。

我懷疑照片被放錯了，所以我關起檔案，再重開一遍。

因為這個個案目前住在機構，而我認識的他，雙頰瘦削，四肢無力，坐在輪椅上。上次看到他時，他還看著牆壁發呆。

我又看了一遍照片，仔細比對五官，發現那真的是他。

而他不是唯一的個案。

……

「督導，我覺得好困惑。有些個案在街頭上活得很好，可是送去機構後，他不用擔心下一餐、不會被趕、可以看醫生，他什麼都不用做，可是，他也就只剩等死了。這樣，真的有比在街頭好嗎……？」

這些個案的功能沒有好到可以職能重建，但又沒有差到足以申請身障鑑定，且不滿六十五歲，不是老人，又沒有地址，可以申請低收。最慘的福利邊緣，莫過於此。

「在科技不發達的年代，蝦蟹經過長途運輸，很容易在途中大量死亡。你知道古早的水產養殖業者怎麼運送漁獲嗎？」

督導問我，我茫然望著他。

「投藥？」

「不用。他們在水池裡放進會吃牠們的獵食者。漁獲會驚慌，充滿活力的游動，死亡率反而大幅降低。」

「如果是你，『充滿風險苦難，但也有力的活在街頭』，與『平安的在機構等死』，只能二選一，你會選哪一個？」

但人生當然不只二選一。我的夥伴們每天都在努力創造更多可能性，只是我最近快被巨大的工作量弄死了。

不過，從那一次之後，我就不再以安置遊民為目標了。

每一種生活型態，都有它的價值，由生活的人自己選擇他要哪一種。而我的工作，就是盡己所能的協助他過得更好。

至於這個「好」，是誰定義的？那就是另一個糾葛的問題了。

不是只有寒流來，才關注街友

每一次冬天的寒流來，總是會出現這樣的新聞。

許多的大官表示他們對街友非常照顧，除了替街友圍圍巾給媒體看以外，也開了免費避寒旅社，以彰顯人道關懷精神。

但看到這裡，大家會不會有點疑惑呢？你可能會很想問：「那寒流走了之後呢……」沒錯，寒流走了之後，又回到路上。

街友晚上睡在路邊，會被警察「善意勸離」，他們只好不斷轉換位置，所以，一個晚上真正能安睡的時間，不會超過幾個小時。

街友白天出去打臨時工（百分之七十的街友是有工作的），他們原本收在隱密角落的家當，就這樣被環保局清掉。許多人為了必須看顧行李，而無法上工，還要被路人罵：「你就是因為懶惰工作，才會流浪啦。」

而這些街友在白天與夜晚都不斷地被驅趕，就連服務街友、提供餐食的社福團體，也被某些區公所的員工罵：「就是因為你們在這邊發餐，才會製造街友啦!!」

你會因為你家隔壁有人提供冷麵包和便宜泡麵，覺得這樣生活就好了，而就辭掉工作，睡路邊、當街友嗎？當然不是啊。但某些平時嫌棄遊民嫌棄得要死的公務員，倒也很神奇的在寒流裡，扮演起聖誕老公公，強調他們平常都很注重弱勢關懷。

有些人會問：「這次寒流，政府有開旅社讓街友住啊，可是，還是有街友不去住，所以他們還在外面冷，就是自己找的嘛。」

我們可以換個位置想想。如果你每天都被隔壁的胖虎打，然後某一天胖虎問你要不要去他介紹的地方住一天，你要去嗎？

當然不要啊，因為根本沒有信任基礎。

台灣人非常善良。這幾天，芒草心慈善協會的粉絲頁收到非常多訊息，很多人看到天氣這麼冷，擔心起街友，想提供協助，所以來問我們要不要去車站發暖暖包、發衣服。但其實這陣子台北車站已經有非常多善心人士去發東西了，街友睡在外面，也不可能帶著五十幾件衣服移動。

因此，也許我們可以思考，「寒流過去後，街友怎麼辦？」

政府不可能提供旅社，養街友一輩子，而且大概也沒有人想住旅社一輩子吧。

這些街友需要你的幫助，你可以蹲下來，詢問你遇見的無家者需不需要幫助，也可以在大議員欺負遊民服務單位時，跳出來聲援這些替街友做事的人，可以持續關注政府的社會住宅政策……

我們可以做很多比暖暖包更溫暖的事。

社工能同理街友的苦痛多少？

每一次當我寫個案紀錄，畫家系圖的時候，我都覺得我離個案的世界好遙遠，遠到我沒資格說我有能力同理他們的苦痛。

父母雙亡、手足疏離、未婚、無子女是常態。另一種是家暴相對人，以前打老婆、小孩，孩子長大了、有能力了，他被趕出家。能用的人際資源，也用盡了。如果社會是一座巨大的沙堆，他就是散在沙堆外，游離的小沙粒。

「社工，我要去死。」

第一次聽他這麼說的時候，我下意識的想反駁他：「你死掉的話，其他人會很難過喔。」
但有誰會難過呢？他的爸媽早就死了。任何有血緣的，也早已老死不相往來。偶爾一起喝酒的朋友，連他叫什麼名字都不知道。
他因為隨地便溺與酗酒，造成社區髒亂，不斷被通報，連里長、區公所、派出所都很頭痛。
他如果死了，不只沒有人替他難過，說不定還會感到輕鬆許多。

我該假裝很傷心的說：「我會難過」嗎？但我只認識他不過半小時，就算他真的死了，我煩惱如何處理有名無主屍的情緒，說不定還大於他死去的哀傷。
我真的無法虛偽假裝溫暖，說任何違心的話。
我只是沉默地聽著他說，沒有回話。

我的父母健在，手足和樂，樂於工作。我擁有一個自己布置的小窩，有一群死黨好友。我沒有經濟上的問題，我最大的煩惱是，不能盡情大吃。

這是天上與地下的巨大差別啊。這樣的我，到底能同理他的苦痛多少。
所以我擔任社工之後，我再也沒有提起「同理心」了。
我認為，我沒資格撐起這三個字。
每一次面對個案，當他說：「你們不懂啦。」我就像被擊中腹部一樣。
是啊，真的不懂。**只能努力的試著貼近了**。

社工很容易一直做，就把自己燃燒光了

在我還是心靈非常脆弱，比菜鳥還菜的雛鳥街友社工時期，我曾經看過情況糟到完全無法以優勢觀點去思考的個案。

他全身充滿強力膠味的來中心要物資、要補助。明明身體還健康，可以工作，但他總是領到錢就跑去喝酒或吸膠，等沒錢了，再過來。

他知道社福系統期待他可以租屋，穩定工作，於是他在不同的地方，騙了求職補助金與租屋補助，錢都拿去喝或賭掉了。

等你拆穿這一切，他就嫌你囉嗦，並把一切你的善意當成理所當然。重點是，這種人還頗多。

「前輩，遇到這樣，你都怎麼辦呀？這樣還能充滿熱忱的做助人工作，真是太佛心了！」前輩是把自己的一生全部都灌注到街友服務的神人。

她搖搖頭，「他們只是時間還沒到，以後遇到了，可能會轉變，或者也可能永遠不會變。我們就是盡力，剩下的，就看他自己了。」

所以之後看到完全無法用優勢觀點來看的個案，我都會想起她的話來，「可能是時間還沒到吧。」安慰自己那一顆覺得努力全都白費的受傷心靈。

最近，我又遇到個案的工作問題。

個案嫌收入太少，入不敷出，於是我們討論起是不是要找其他工作。

但他嫌薪水太少；嫌工作地點要搭公車，很麻煩；嫌勞動工作無聊，但他身體狀況差，又超過六十歲。

每一個我所提議的工作機會，通通都被他打槍。

我想著：「要找輕鬆、日賺數千元，又不用花腦力、體力，沒有年齡、學歷限制，不用交通的工作，大概只剩屁眼塞海洛因，從海關走私毒品的工作吧?!」

但我身為專業社工，我當然不能說出口。

晚上，我夢到我辛苦媒介來的工作，又通通被個案打槍。

夢中的我，驚覺：「對呀，我幫他找，當然只會讓他什麼都不要呀。**應該要讓他自己找，自己嘗試，自己碰壁。我在旁邊陪他**，才對嘛。總之，應該要讓他自己來，才對。」

我在夢中被醒醐灌頂。醒來之後，一邊騎車，一邊覺得，對呀，我為什麼把別人的人生背在自己的肩膀上。

「小古，我跟你說，我昨天在夢裡面學到……」

「你真的很常夢到工作上的事情耶。」

「對呀，怎麼會這樣……」但看著同事整理堆積如山的物資，與一直來找他的個案，

「你也沒有輕鬆到哪裡去呀。」

大概是這樣的日常吧。

我們很容易一直做，一直做，就無意間把自己燃燒光了。所以，還是很需要彼此多一點提醒。那些我們做不到的事，本來就不是我們應該要求自己做到的。

「有就很好了，還挑?!」——社工的盲點

週末，我參加了「社企流」（註）的三週年論壇。現場聚集年輕的創業家們，以及對社會企業好奇的人。

當一個人有熱愛的事情時，他的眼睛是會發光的，而我愛死了那光芒。

印象很深刻的是，多扶無障礙旅遊的創辦人許佐夫先生的分享。他說：「其實我一開始沒想過要創業，有一次，我九十三歲的奶奶想申請康復巴士，但因為她沒有身障手冊，所以被拒絕了。這是什麼道理？我很生氣，於是我乾脆自己來辦一個。

「不過，我今天來這裡，不是要告訴你們創業很好，快點創業，而是要告訴你們，創業很辛苦，而且可能還賺不到錢，你會累得跟狗一樣，我還因此小中風……

「當時，我買了高價、寬敞的車款。我聽到別人說，『白癡，幹嘛給殘障用那麼好的

車子？』說這一句話的人，竟然還是一位身心障礙者。那時候，我才發現，原來一直以來，政府所提供的品質並不好，而且還告訴身心障礙者：『有就好了。』『這樣，你們就該感激了，還挑？』讓他們認為，身心障礙者只配得這樣的服務。」

佐夫的話，震撼了我。

我以前就是那個會偷偷認為「有就好了，還要這麼多」的社工。

在發送熱食、麵包給遊民時，我曾經多次聽過遊民說：「又是麵包喔？我不要，我要鹹的。」「這便當肉怎麼這麼少？」「我要湯的維力炸醬麵。」

那時候，我內心都會很生氣的想著，「有就很好了，還挑?!」但我還是得表情微笑的說：「不好意思，只有這些耶～……」

我理所當然的認為資源有限，這些都是人家捐的。有，就該感激涕零了，哪輪得到挑三揀四。

但，有沒有另一種服務的可能性？多扶的身障客群相對於遊民來說，資源還是比較多的，不可能複製他們收費較高的模式來做遊民領域，但**我喜歡社會企業把個案當作**

「顧客」，以滿足顧客的需求為目標。相較社工「助人」與「受幫助者」的關係，**彼此更為平等**。

掉到街頭上的人，大多都是被體制篩掉的人。

許多人以為他們是有選擇，自願來睡街頭的，睡街頭自由自在。但其實流浪生活充斥著的許多「不自由」與被剝奪的選擇。無家者需要衣物或食物等物資時，大部分只能從社福中心或慈善單位領取。從成堆的衣服中，被分配或社工從現有的物資堆中快速揀選。可能沒有牙齒的老伯領到即期堅硬歐式麵包，糖尿病高血壓患者領到高鹽分的泡麵。許多無家者拿到手中的衣服多是不合身的、不適合的，當然也談不上是喜歡的。

現有的資源分配權力掌握在社工身上，但如果能讓服務對象自己選自己需要的，有沒有可能長出另一種更精準有效、更精緻而有尊嚴的服務輸送方式？

以前我對於直接服務以外的工作沒什麼興趣，但來了芒草心，在做街遊這份倡議與社會企業的工作時，開始有更多的機會接觸到社工圈以外的東西。每天，我都覺得有很多值得學習的有趣人事物正在發生。世界真的好大，而且等著去大做一番。

「社企流年會給了我很多的刺激。如果靈魂是有溫度的，那裡的很多人都是沸騰著的。」

隔天，回到萬華，上班時，我又經過龍山寺，一個渾身髒污，旁邊還有酒瓶的老人睡倒在人行道旁。嘰哩呱啦、化著完整妝容的櫻花妹，拿著相機，興奮的從老人旁逛過去。

如果靈魂有溫度的話，萬華應該是個溫差很大的地方吧，匯聚了沸騰的、失溫的、常溫的、有點發燒的。

P.S.不過，我還是要自首一下，今天有個案來據點拿物資。

個案：「我要三合一跟衛生紙。」

我：「咖啡沒了耶……燕麥片要嗎？」

我費力狼狽地翻找一堆東西後，拿出桂格燕麥片。

「麥片喔？我不要。我要那種一包一包的……」

我嘴巴上說：「我去找找看。」但心裡一邊抱怨。

我爬上三樓，移開好幾公斤重的影印紙，找到沖泡式調味麥片。

「給你，還有衛生紙，對吧？」

我拿了一條六入的捲筒衛生紙給他。

「可是，我沒有捲軸……」

「直接這樣就可以用了。」

我雖然都有維持住表情，但我的確心裡還是想著，「有就好了，還挑……」我這心態實在是不太好，但很真實啊。

註：社企流是台灣第一個華文社會企業資訊匯流平台。傳遞「用商業力量改變社會問題」的知識與智慧，並連結各地社會企業。於二〇一二年開始運作。

社工討厭遊民?!

並不是服務無家者的人，就不會討厭無家者。有些狀況下，可能會比一般人還更討厭他們。

我第一次意識到這件事的時候，是我才剛踏入遊民領域。

某一天，發麵包的下午，一個替代役弟弟對我碎碎唸，「這些人真的有夠廢，別人還覺得他們很可憐。看了這麼久，整天只會來領東西跟喝酒，還有要錢。不給他們，他們還會跟你生氣，好像是你欠他們的一樣。真的是社會的毒瘤。」

我捧著麵包袋，不知道該怎麼回應他，因為他說的也是某一部分的事實。

我看過好幾次他被服務對象討物資不成便被罵的模樣。每一個服務對象來找他，不是要東西，就是要錢。

不只是領物資的替代役，其實醫院的社工、門口躺遊民的家戶，也很容易因為看多了賴在這裡的無家者們，更加強化了負面印象。

如果是我每天打開門，都看見屎尿、酒瓶，然後我還要處理賴在醫院不走的遊民，那麼，我想，我真的很難對這群人有正面的想法。不過，**這些都是長久累積的實際經驗與印象，並不代表這麼想的人，就沒有愛心**。

「弟弟，辛苦了，等等我去買珍奶給你喝。不過，關於廢物那件事啊，那是因為你所在的位置，的確只會看到這些東西呀。像那個XXX現在很努力的租房子，那個OOO也改掉吸膠了，只是他們不會出現在你面前領東西了，所以你會看不見這些好的改變。」

我不記得那個XXX與OOO是誰了，倒是我日後一直在提醒自己，我那天下午說出的話。

不過，對個案很生氣的時候，還是會有一些負面念頭跑出來：「厚，服務遊民真的是太困難了。為什麼他們永遠都這麼廢？我不要再服務遊民領域了，太難了!!!」這種話，我沒辦法跟外人說，那會強化了污名與標籤。我完全承受不起任何人因為聽了我的抱怨，而認為「你看吧，連服務遊民的社工，都說他們沒救了」。所以，我只能不斷告訴自己，「**那是因為特別難搞的，才會一直留在這裡被你服務到**。」這些事，我只能跟圈內人默默吐苦水。

其實，我有好幾次都打給遊民服務的前輩，悲慘的說，「我常常覺得他們好爛，可是我又不能這樣想。前輩，你告訴我，我該怎麼辦啊……」

前輩會溫柔地提醒我，「還是有很多好的啊。例如十個遊民裡面，有一個幫不了的，你不要一直只注意到那一個，而覺得所有的無家者都很糟。」

仔細想想，不只是對個案這樣，在日常相處中，也不應該太快速的把所有人都概括成某種既定印象。

遊民歧視遊民

當我第一次從遊民口中聽到，「睡那邊的那個，我很看不起他啦……」的時候，我有點訝異。

不都是遊民嗎？遊民歧視遊民是什麼狀況？

我匪夷所思的想著，但又不好意思真的問出口：「啊，你也是睡路邊的呀。為什麼看不起他？」

只能稍微婉轉一點的問，「為什麼呢？」深怕他覺得我也看不起他。

我得到的理由，通常是：「好手好腳，都不去工作。至少我週末都會去舉牌子。」

「他們那種會去領便當、領福利的，我都看不起啦。」

「喝酒喝得跟酒鬼一樣……」

還有的，連理由都說不出來，「反正，就是看不起啦。」有工作的，看不起沒工作的；沒領物資的，瞧不起領物資的；沒喝酒或自認沒喝很嚴重的，瞧不起喝酒的。

「遊民」，在這兩個字裡面，似乎還包含高低位階，甚至，在他們遊民自己心中，都有一個「遊民的定義」。

睡在橋下的人說，「我沒有睡公園，我不是遊民……」時，我也只能苦笑，欸，外界看起來，你也是遊民啦。

一開始會煩惱這件事情，是在某一個倡議的場合。我們請還是遊民的個案，和社會大眾分享他對「遊民」的心得，結果個案愈罵愈兇，說那些人都不努力、不去工作，非常浪費等等。

我那時候心裡非常掙扎，到底要不要請他修正說法。因為我們是做遊民去污名化的組織，如果他又上台講一般人對遊民的刻板印象，那不是完全反效果嗎？「你看，連遊民都講遊民很懶惰，果然這是真的……」

不過這是他的想法啊，他觀察到的遊民就是這樣，這是他的經驗。我又憑什麼規定別人只能照我期望的想，所以我後來並沒有阻止他。

「遊民對遊民的歧視」比「有家可住的人對遊民的歧視」更令我覺得心酸，那感覺像是死了都要拉個墊背的。

但是我又想，會這樣想的我自己，不也是歧視遊民嗎？因為認為遊民的處境已經被歧視到不能再被歧視了，才會訝異這種情況發生。

某一次，我聽陳惠敏老師分享獄中階級的狀況：在監獄裡，為了「仁義」殺人或傷害的犯人，反而會在犯人之間得到敬重，而強姦或姦殺小孩的犯人，在牢中的生活就別想好過了，別人會對他們施以霸凌或排擠。

那時候，我覺得這樣的情況和遊民很相似，但認真想想，好像又不太一樣。因為不是每一個遊民都會歧視遊民，絕大部分的遊民會互相照顧，交換情報，告訴對方哪裡有資源，甚至會替對方向社工求助。

總是需要比我們更爛、處境更糟的人，我們才能確定自己不是最爛的。「我們還沒爛到底，還有人更爛呢。那我也算是不錯了……」**抱著小小而脆弱的自尊心，活下去。**

人生太難

在社工們的個案研討會上，一位社工提到，個案因為生活習慣無敵差，而有慢性病、感染，健康狀況很差，因此工作不保，付不出房租，最後又回到街頭……但在我們這邊，我們也沒有人力，可以盯他飲食與生活起居。

「那麼，可不可以幫他申請身障手冊啊？這樣，就有相關資源可以用……」

「他絕對不會符合。」

「……不然，找住宿型資源給他。由生活輔導員或教保員調整他的生活習慣？」

「不行啊，他什麼福利、身分都沒有啊。」

「他有重大傷病卡……啊，重大沒用啊。不然送去有生活管理員的XX居？」

「不可能啊。他又不是在街遊民……」

「啊啊啊，真的想不出來了。好難，他根本什麼福利都不符合啊（崩潰）……」

「不然送去監獄好了。有規律作息，又有人盯。之前阿鴻被關進去的時候，變得超健康的，飲食也清淡，連菸都戒了。」

「但他出獄後，就因為瘋狂抽菸、亂吃東西，結果中風了……」

貧窮、疾病與失業及脆弱的社會支持系統，一起湊成一台衝往懸崖的破爛拼裝車。

人生真是太難了。

感人肺腑的遊民小故事?!

一群遊民工作者在晚餐時聊天。一位社工超激動的說：「我超討厭在臉書上寫溫馨感人的小故事。我看到小故事，我就自動跳過。」

為什麼不喜歡寫感人小故事呢？因為那些個案故事是真的，但又不完全是真的。就像美肌模式開到最大，大到看不到鼻子與毛細孔的夢幻網美自拍。網美是真的，個案做的事也是真的，但套上濾鏡以後，一些真實的細節消失了，人就變得平面了。

感人小故事是有標準模式的。

通常會是一個可憐、貧窮的個案被環境所迫害（如果是處境悲慘的惡人，那用「活該」兩個字，就結束故事了）。他們有著高尚的情操，例如，會拾金不昧；寧可自己餓死，也會去幫助別人；是街頭上的蘇格拉底。

他們打破了大家的刻板印象。例如以為流浪漢沒有一技之長，結果，他卻很會彈鋼琴，或自己是乞丐，但卻把錢交給更需要的人。這樣的影片會在網路上被打上字幕，然後瘋傳。

如果是機構行銷的話，為了突顯捐款人的資源被用在有效的刀口上，我們會努力找出個案接受服務後變好的故事，鼓勵大家投入更多的資源。

這用意是好的，但**個案在接受服務的過程中，並不是一個直線成長的樣貌**。他有時候會機車得要死；有時候，當你覺得他的人生向上走的時候，他又摔了下去。

這些辛苦而充滿淚水的過程，我們在還沒有撐過去之前，是不會說的，否則外界也只會覺得他們為什麼要捐錢，幫助這些扶不起的阿斗。

慘烈的現實，對比閃閃發亮的動人小故事，看來格外諷刺。所以，我後來也愈來愈不喜歡寫感人小故事。雖然感人小故事的轉貼率爆炸高的。

這樣的故事，其實並不真實。因為不是所有的個案都這樣，卻揀選出這樣的故事，會讓人美化這個族群。但觀眾卻買單這樣的故事，聽完後，會願意捐款。因此，很多第一線的工作者不得不繼續寫感人的小故事，以讓捐款者提供資源。

但事實上，無家者就跟一般人沒什麼兩樣啊。

不需要把遊民描繪成可憐的小天使

有一陣子，我對自己的工作感覺很矛盾。

三天兩頭，聽聞遊民王小明又喝酒打人。遊民賀小花不去工作，跑去乞討。遊民林阿土放鳥老闆，失聯三天，跑去漫畫店躲起來。遊民陳水旺只想申請低收補助，不想工作等。

我的同事工作得很辛苦，個案卻像一串鞭炮，不停炸開。

每一次街遊，當遊客詢問，為什麼那些人會成為遊民時，我的結尾總會習慣性的說，「遊民的成因並不是像大家說的懶惰、不做事。這後面牽涉到產業轉型等等結構因素。**他們需要的不只是一個便當，而是陪伴與機會。**」

但我在講這些話的時候，心中的另一個自己卻瘋狂吐槽自己，「你怎麼能這樣欺騙世人啊？那個ＸＸ和ＯＯＯ，不就是福利依賴的懶惰鬼嗎！」

我很悶啊，畢竟有些政治不正確的話，絕對不能講。

身為遊民議題倡議者，怎麼可能當場跟遊客說，「對啊，很多傢伙很懶惰啊，而且個性還很多毛……」而在忍耐的同時，我內心那個佛祖般的菜鳥李社工，還拿道德來批判，「你身為一個社工，不同理他們就算了，居然還認同那些負面標籤。你真的是很不適合當社工……」唉，我自己就要逼死我自己了。

某一天，我終於受不了了。

「你們會不會有時候也覺得他們很機車啊？我覺得我好矛盾。我都在欺騙世人……」

我對著長官與同事大吐苦水。

「本來就是這樣啊。我們在說**結構因素影響他們成為遊民，但也會有個人因素影響他們啊。社會化程度、人格特質、身體狀況……**如果都那麼好，他們去應徵工作就好了，哪會來到我們手上。你不需要把遊民描繪成一群可憐的小天使。他們不是，也不需要，就跟你身邊的朋友一樣，總有幾個很機車……」

長官拍拍我的肩，「剛好最機車的，都被我們碰上了呢，呵呵呵呵。」兩袖清風，瀟灑的乘著雲朵離開了。

社工不用把自己搞得這麼卑微

身為一個菜鳥社工，我每次接到民眾電話或信件，詢問捐錢、捐物的事情，我都會誠惶誠恐的說明機構現狀。

在對方答應捐之後，我更會不停感謝對方，只差沒跪下來，舔他們腳趾。

好啦，也沒這麼誇張，但我就是會心裡慌慌的想著，「天啊，我該怎麼感謝對方才好啊？」

而募款是不是都要把自己搞得像公關一樣，到處收集人脈、處事八面玲瓏，才好呢？

前幾天，我見識到萬華土地公獻忠的募款能力，但他也沒特別的舌粲蓮花，遊說對方，他只是很誠懇而熱情的詳細說明芒草心的未來計畫。對方聽了，非常認同我們的理念，認真討論要拿幾萬出來，加入我們。

小菜鳥我在旁邊拚命偷學土地公的募款技巧。

是啊，其實，我也不用把自己搞得這麼卑微。我可以挺直腰桿，大大方方的和社會大眾說，我們希望如何達成美好的未來，與我們現在做了哪一些努力。我想，支持我們的人就會靠過來了。

記得，真誠無敵，挺直腰桿，無愧於心。

毫不質疑，才是最可怕的

我想讓遊民戒酒，我想讓遊民有穩定的工作，我想讓遊民可以回到社區，我想讓遊民有健康的身體。我為了達到這個目標，每天忙碌著。

在街友體驗營的時候，我明明應該是體驗街友生活的學員，但我卻反客為主的變回社工。

我拿個案會談的方法，和我的遊民導師談戒酒，和他討論理財計畫、戒酒方案。為了避免他又騙我去上廁所、看風景，其實是溜去買酒，因此，我甚至扣留他的錢包、悠遊卡。在他回來時，要他哈氣，讓我聞有沒有酒味。

我在整個營隊期間都繃緊神經，並不是因為街友生活很辛苦，而是監視街友，是不是又離開我的視線，跑去喝酒。

其實，不只是營隊期間，在我整個工作過程裡，我都對自己感到懷疑。我認為這對遊民好，但這真的是遊民想要的嗎？健康真的是排序第一的價值嗎？

遊民雖然也同意我這樣對他，但我這是不是用技巧或權力來逼迫他，所得到的結果？我是不是社會控制的工具？我是不是扛著「我是為你好」來壓迫遊民？

每天，我都有很多的困惑在腦子裡轉，像是小劇場般自言自語。這種懸在空中，沒有答案的不確定感，其實讓我很難受。

但我擔心說出來，會讓其他人擔心我不喜歡這一份工作，因此我選擇把太多的問號留在腦中，想等著適當的時機討論，所以我好喜歡參加研討會或專業聚會。在那些場合裡，我可以很安全的把我的質疑與批判丟出來。

「我每天都覺得很困惑啊，我質疑自己這樣做，到底是不是對的。」菜鳥李社工我撐著臉，疲憊的碎碎唸。

不過，我又想起一句話，「毫不質疑才是最可怕的，等你哪天完全沒有問題了。我會提醒你，該辭職了。」

社工可以成為自己的樣子，你可以更好的

我覺得社工其實比較像學徒制。

「你聽過銘印作用嗎？」老鳥李社工是學諮商的，我們談論到機構最近更迭的人事時，他認真的問我。

「是小鴨破蛋出來的時候，會把第一個看見的東西認定是鴨媽媽的現象嗎？」菜鳥李社工我，讀書很不認真，憑印象猜測。

「差不多啦。我第一次做助人工作，就是被她帶的。我看著她的工作方法，摸索自己的，幾乎算是她帶出來的，所以她要離職的時候，我很捨不得。後來人一直走，其實也就習慣了。」

老鳥李社工盯著半空中的某個點，慢慢說著。

原本以為他是對同事疏離，沒什麼感情的人。沒想到在一起加班的夜晚閒聊中，得以窺見老鳥李社工不同的一面。

當我又和不同單位的新手夥伴聊起銘印，他們也有類似的經驗。

「銘印喔？聽起來太理論了。我覺得就像是新手會黏著自己認可的前輩，希望自己也能成為那個樣子，一種崇拜又依賴的心情吧。」

我身為一個菜鳥，而且是做課本上沒寫的遊民領域，我在工作過程中，大多是笨笨的追在鳥媽媽後面，問鳥媽媽，這種情形他們會怎麼做。照著前人的方法做過一遍，在過程中，摸索怎麼做、思考為什麼要這麼做。再蒐集各種不同的做法，慢慢變得細膩，然後發展出自己的風格。

但只要有他們在，我就安心。因為有人可以問，而在我們不知所措時，前輩也會跳出來處理。

但夥伴並不總在身邊，有時外展剩我一個人，其實我會很慌張，擔心有我無法應付的狀況會突然發生。但慌張也沒用，哀號完「你要出去喔？早點回來……」後，也只能繃緊皮，乖乖看家。

其實，在看家的過程裡，也沒發生宇宙毀滅的事，只是自己的焦慮在消耗能量，而狀況也都在自己可以處理的範圍內。但要一直等到他們回來時，我才能放鬆，回到自己的工作狀態。

於是，我發現自己也開始依賴、崇拜我的鳥媽媽。我很誠實的把這種心情告訴督導。

「這樣不行啦。」

我也知道這樣不行啊。

其實，我有幸也被這種眼神注視過，我知道這種眼神是有重量的。

後輩們會把自己的理想模樣投射在前輩身上，覺得前輩很棒、很想成為那個樣子，但**這並不真實，因為前輩也是普通人，也是會犯錯的**。

當我把光環套在前輩身上，在盲目崇拜的同時，就失去了批判的可能。

你可以不用和前輩一樣，你可以成為自己的樣子，你可以更好的。

督導這幾天出差去了。他的空位，讓我意識到自己的依賴。

鳥媽媽不在，菜鳥雖然緊張，但也沒有世界末日般崩潰、毀滅，還有其他的鳥在呢，而且雖然菜，但也是有一點能力在。少點心理依賴，你可以的啊。

嗷嗷待哺的菜鳥們，一起加油。

阿伯沒遇到我們的話，要倒在那裡多久？

在「流浪生活體驗營」，我們帶學員參觀無家者結束流浪的租屋處。參觀完畢後，學員討論著這些老人艱困的租屋處境。

這時候，我們在騎樓發現一個阿伯倒在路上，旁邊有一台輪椅。

我們問阿伯，他怎麼會倒在這裡。

阿伯口齒不清地說他從輪椅上摔下來。他旁邊沒有任何其他人。

我們叫阿伯先在那裡等我們，我們會過來推他。

帶學員去恩友（註）後，我回去找阿伯。原來阿伯是要自己推輪椅去買飯。

自助餐阿姨說阿伯八十一歲，家人都在美國。阿伯平時靠鄰居接濟，但星期天鄰居不在，所以才自己出來買飯。

阿伯和相熟的攤子買完飯後，我把阿伯推回他家。路上，我默默的想著，如果按照童話故事，阿伯應該是住在附近的有錢人，因為一次頑皮溜出家門，才會被我遇到吧。

「是這邊嗎？」

「再隔五間。」

「好。一、二、三、四、五。」

等待在我眼前的，不是豪宅，而是一個只容一人通過的小鐵門。

「阿伯，你這樣過得去嗎？前面還有階梯耶……」

「可以啦，你推的時候，要把輪子翹起來。」

我很怕摔死阿伯，但門小到摔不下去，應該還好。

我硬著頭皮，把坐著輪椅的阿伯，塞進小門。

小門裡，陰暗、潮濕的一樓隔成許多房間。阿伯的鄰居也是老人，鄰居沒有關門，就坐在房內的床上。

阿伯的房間大概只有兩坪。在擺了一張床後，連輪椅都推不進去。

阿伯只能把輪椅靠在門邊，他的身體有一半都在房外，在拉上輪椅煞車後，阿伯向前倒在床上。

這是阿伯的日常。

阿伯如果沒遇到我們的話，要倒在那裡多久？我今天幫他推完輪椅，他的明天、後天、未來好幾年，誰來幫他推？

回來後，向關心阿伯後續的學員，報告剛剛的進度。

學員低頭沉思了一會兒，抬頭跟我說，他會來參加流浪體驗營，是因為他的工作。他是工程師，有很多無家者和他一起在工地工作，他想了解他們是怎麼生活的。而他同時也是天龍國某富庶地區童軍團的幹部。他一直在思考要怎麼把自己看見的貧窮，呈現在孩子們的面前。

「這很不容易呢。」

有些事情沒有擺在眼前的話，我想生長背景差距很大的人，是很難理解的吧。

註：基督教恩友中心，提供弱勢無居者安置等需求。

「普通」是種奢侈

和我的工作夥伴們不同，我非常佩服我家老闆或「人生百味」，他們總是可以在休閒時間，讀貧窮議題或世界經濟秩序這種令我便祕的書。我喜歡和工作完全扯不上關係的無腦片，愈膚淺，就愈喜歡。

所以，我開始看《請與廢柴的我談戀愛》。女主角完全就是一個廢柴，廢到工作時，把報告聽成夾腳拖交給上司，而被痛罵沒常識。

雖然深田恭子長得超正，讓我總是出戲的想著，「長這樣，隨便去應徵工作都會上吧，怎麼可能會沒錢啊，不科學啊……」但她廢到可愛光波無法彌補。當劇情演到她拿一百萬給擺明騙感情、騙錢的大學男生純太；窮到去俱樂部打工，給奧客吃豆腐；明明餓到要吃貓罐頭，沒錢付房租要去流浪了，還拜託男主角養可憐的流浪貓，而不是幫幫自己時，我整把火都上來了。「她完全就是我的個案啊！明明一個月才賺幾毛錢，卻全都要交給女朋友；身上剩五十塊，還要拿三十元買玉蘭花……」我腦海此時全都是個案們的臉。

做直接服務是一件很難有成就感的事情。

當你覺得狀況不錯，「就這樣努力下去吧！」的時候，個案就死了。

當你幫個案存了一筆錢時，他就出意外，而必須休養兩個月，花光這一小筆積蓄了。

當你覺得個案的狀況穩定時，他又因為失序而必須重來了。

「我有時候真的覺得很生氣，很想捏死個案。我們大家都告訴他，那是騙局了，他卻不願意醒過來。裝睡的人是叫不醒的。」

我沮喪的和智者——「人生百味」的阿德抱怨工作遇到的狀況。

阿德說：「生命是有慣性的，它會順著這個動能向前滾。我們扮演的是前面的小小支點，只要可以讓個案偏移一點方向，我們就成功了。但有的人生已經按照這個慣性滾動非常久了，它的動能是非常強大的。當你這個小支點沒有大到能改變它的方向時，就只能被它輾過去了，看著它走向毀滅。」

這下，大家應該可以理解我放假時不想管工作的原因了。

《請和廢柴的我談戀愛》劇情超老套，當深田恭子被俱樂部的奧客強拉到賓館時，英勇帥氣的男主角現身，把女主角拉走，脫離險境。

此時，我已經翻白眼，認定此劇是糞作，要按暫停，棄追了，但女主角被男主角痛罵天下哪有白吃的午餐時（這完全就是我在罵個案的原音重現），她失落的在橋上，望著遠方說：「我也很清楚自己是個笨蛋，自己是個大齡廢柴女，我對這樣的自己最失望。就因為我是做什麼都失敗的廢柴，所以我才會喜歡那個告訴我現在就很好的純太，我想保護好那個被純太喜歡的自己，我不想去把那想像成被騙。

「就如你所說，我很飢渴，飢渴到令人感到悲傷，無論是對吃肉，還是對戀愛……對普通人而言，這是很難理解的。而理解不了，才是正常的。大家普普通通做的事情，我卻辦不到。**本來想著長大成人後，能夠普普通通的談戀愛、上班、工作，能夠普普通通的找個男朋友，能夠普普通通的結婚。沒想到，『普通』居然這麼困難。**普通對我而言，是種奢侈。」

很多時候，我其實都不理解個案做的選擇。

明明就知道對方是來拿證件，開人頭帳戶的詐騙集團分子，個案還是把證件賣給對方。

明明知道自己的薪水只剩一點點，發薪日也還有半個月，但個案依然把錢全部拿去簽六合彩。

個案們的選擇在旁觀者眼裡看來，一點都不理智，甚至因此讓人感到憤怒與失望，而他們也無法像女主角一樣，這麼清楚的說出自己的心情。**但他們在人生的路上，一定有更多的沮喪與渴求，讓他們做出這種選擇吧**。

我們這些相對生活幸福的人，能做的，就是在有限的人生裡，一起陪他們走一段，而在他們掉下來的時候，盡可能做我們能做的。

「我想殺我爸……」

在辦公室裡，我一邊處理一些瑣碎的事，一邊和個案聊天。

「其實啊，我以前也有想過要殺人喔。」

我打字的手倏然停下，「啊？」

「殺人啊，我想殺我爸。你一定沒有想過，對吧？也是啦，你們那麼好命。」我沒有回答。我認真的把檔案撇一邊，轉過身來，聽他說話。

「那時候我回家，就會看到我媽媽哭的樣子。很老套吼？我也這樣覺得。」

「我看我爸一直打我媽。我那時候，一直哭啊。我不知道能做什麼，可以停止下來這一切。自殺嗎？我又沒做錯什麼事，為什麼是我要死？而且我死了，我媽會很傷心。這樣想想，我也只能殺我爸了。」

「有想過跟旁邊的人求助嗎？」

「有啊，但我不知道要怎麼講。我旁邊的人都過得那麼開心，我就覺得好像隔了一層很厚的玻璃，我們是不一樣世界的人。我那時候很焦慮，除了殺他以外，想不太到別的路了。」

我想著以前心理學課堂上，老師講到高壓狀態下的注意力狹窄。**大部分的人都覺得，人永遠都有別種選擇，但若我跟他處在同樣的時空裡，我可能也會覺得只有這條路了吧。**

「那後來呢？」

「我連怎麼殺他都想好了喔。我想過要趁我爸晚上睡覺的時候，用剪刀插進去他心臟。我沒有插過，不知道那個觸感怎麼樣。」

「應該很有彈性吧，又可能插到一半，反而你被你爸殺。」我想著可能的現場。

「我每天都在想喔。那時候，我有跟我一個朋友講我的狀況，我朋友叫我去報警。我說不行啊，這樣會害我媽被我爸打死。我朋友就對我很失望，說我怎麼會變這樣。」

他笑一下，「對呀，我怎麼會變這樣？我也對我自己很失望，我就更不敢跟別人講了，因為我做不到他們叫我做的。可能，我真的很爛吧？」

「後來呢？」

我覺得我自己不是社工，我變成一個投入在他情境中的人。我急切想知道接下來發生什麼事。

「然後喔，我爸不知道怎樣，就把注意力轉到我身上，比較少打我媽，他開始打我。」

他像在講別人的事一樣，嘴角掛著笑意。

「我就跑了啊，很少回家了。這樣也好啦，我剪刀都放在枕頭底下了。」

「……我不知道該說什麼，但幸好，我還見得到你。」

「我差一點就可以上新聞，變殺人犯了耶。我最近看電視，更這樣覺得。大概只差一層衛生紙的距離吧。我其實和電視裡面的人沒什麼不一樣，也在想，大家如果知道我以前曾經差一點殺了自己爸爸，會不會也這樣追打我呢？其實，我早就在心裡殺過很多遍了喔。」

我不知道該說什麼，只能欲言又止的看著他。

「你不用那樣看我啦，我現在活得好好的啊。啊，我覺得你可以把我的故事寫出來啊，但不要寫我的名字喔。每次看你寫別人的故事，我都很好奇你會怎麼寫我。」

我也不知道該怎麼寫他，所以我只是寫上我們之間的對話。

我們或許並無法，體會他人的宇宙

和前輩一起在餐廳吃飯的時候，我們看著一個正在揍阿嬤的小朋友。

「我真搞不懂為什麼要生小孩。你有看那個殺牙醫的新聞嗎？精神疾病的哥哥殺掉妹妹工作地點的牙醫師，爸爸在媒體前下跪道歉。我好難想像我是那個爸爸，萬一生出一個殺人犯，我覺得我完全無法承受。」厭世的菜鳥李社工我，一邊攪拌蛋黃，一邊和前輩說。

前輩想起了什麼似的，對我說：「你之前在遊民外展服務的時候，有遇過○○○嗎？他很常去領麵包，你應該有遇過他。」

我想了一下：「這名字很耳熟，可能有遇過喔。」

前輩笑著說：「他是我們的老個案了，我們服務他很多年。他個性很溫和，眼神就像小鹿斑比一樣。我以前對他很兇，常常罵他。因為我要幫他申請低收入戶，需要他去申請文件，可是他都忘記，我就會吼他，『這麼重要，你怎麼會忘記，你怎麼不會忘記吃飯！』」

前輩模仿著她雙手扠腰罵個案的模樣，繼續說著：「因為他有精神疾病，我們幫他申請到補助之後，讓他住在康復之家，他就沒流浪了。康家的老師把他照顧得很好，他也有在工作。之前經過我們這邊的時候，都會上來領麵包，不過我都罵他，『你有工作了，還來領什麼麵包！』他就憨憨的笑說，『順便來看你們啊。想看看你們過得好不好。』

「結果有一次，我無聊就開始google起他們的名字。第一個搜尋結果就是之前很有名的ＯＯＯ之狼。」

「啊！」我嚇到差點被肉噎死，因為前輩說的那一個案子非常有名，當時可是轟動社會。

「我還想只是同名同姓，畢竟他的名字也滿菜市場的。我點進新聞，上面有一張二十幾年前的大頭照，我一眼就認出是他。他的長相和以前沒什麼改變。他隨機用刀攻擊了很多人，並殺死了三個路人。應該是當時有精神科醫師出具報告，證明他行兇當下是心神耗弱狀態，不然，三條人命應該很難不判死刑吧。」

「唔啊啊……那你當初還對他那麼兇？」

「我當時根本就不知道啊！我媽還很擔心，說原來我的工作那麼危險，會遇到隨機殺人犯。」

我突然覺得前輩能佛光普照的坐在我面前，真是太幸運了。我也忙著google當時的新聞，而○○○的長相就和我每天服務的對象一模一樣，沒什麼特別的地方。

「我那時候就跟長官說，原來○○○是○○○之狼，長官也很驚訝，說完全看不出來他以前是那樣的人。我們認識他，是在他被關了二十年以後。他完全沒有暴戾之氣，而精神疾病讓他反應遲緩，是很溫馴的人。我不知道他在監獄裡時經歷了什麼，把他改變成一個完全不同的個性。我更佩服康家的老師，因為我問老師知不知道時，老師跟我說，『你不要跟我說，你不知道。當初會談時，就有問了啊。我評估我們之間的關係很穩定，也覺得跟他工作，安全性是夠的，才會收他。』她明知他以前是有精神疾病的隨機殺人犯，但還是接納了他，把他照顧得很穩定。而我也的確認同她的評估，因為我跟他工作也有很多年了，我不是認識他一、兩天。他的個性的確和她說的一樣。」

「其實我們不太會去管個案以前如何，我們在意的是『現在這個當下』，所以我能理解個案在我們心中的模樣，跟他們以前在別人眼裡的樣子，應該是差很多的吧。」

我相當認同。想著我們的個案平常是認真、盡責的好好先生模樣，但在他們子女心中，應該是對子女們做了很多很壞的事，可能還是不折不扣的失職父親吧。

同一個人，在不同的時機點，不同的人面前，會有截然不同的面貌。

「他的家人呢？如果小時候有好好帶他去看醫生，應該就不會長大跑去殺人了吧？」

「我不知道他以前的狀況，但他說在監獄的時候，他媽媽都有去看他，給他吃的東西。平常，他媽媽自己一個人生活，家裡也沒什麼錢，如果是很貧窮或忙著養家餬口的父母，就不一定能夠有時間帶他們去看醫生吧。」

我稍微試圖去想，一個母親生出殺了很多人的精神病兒子，可能會有什麼心情。但一這麼想，就覺得喘不過氣來。

貧窮與疾病的組合，真是太可怕了。

我弱弱的問前輩：「你贊成窮人不要生小孩嗎？如果不生，就不會有這麼多問題了吧？我想到他媽媽的心情，以及被他殺死的人的家人的心情，就覺得，太難過了……」

「我不會贊成窮人不要生小孩。有些小孩雖然出生在貧窮家庭，但他們可能會遇到很棒的人，改變命運。例如，當學徒時遇到很好的師傅，或遇到很好的老師、很好的朋友……只要活著，就會有很多可能性。而也許我們就是別人的貴人，也說不定。就像ＯＯＯ，在隨機殺人案的當下，大家一定都會覺得他不可能教化，希望他被處死刑的吧？誰知道他現在會變成完全不同的樣子呢。如果說我從這件事上學到什麼的話，那大概是人永遠都有可能改變的吧。」

前輩像日常一樣的清淡口吻，說著這些不得了的事，而我被感動得胸口鼓鼓的。

但又突然想到：「不過話說回來，我如果是死者家屬，應該會覺得很憤怒、很悶吧。」

「是啊，為什麼我的孩子被殺死了，兇手被關出來後，還可以領政府補助，被照顧得好好的，過著幸福快樂的日子？」

我已經不敢去想他們的感受了，只囁嚅的說著：「……人生好難喔。」

人要活下去

真不知道

是艱難，還是容易
有人
抱著很大的夢想或目標，還沒完成就死去
有人
為了別人眼中的綠豆小事
會感到喜悅或悲傷
不過，這些並不能放在一起比較
這個世界上，有多少人就有多少宇宙
人在各自的宇宙裡活著
我們或許並無法，體會他人的宇宙

——〈宇宙〉，北野武著；尼基譯

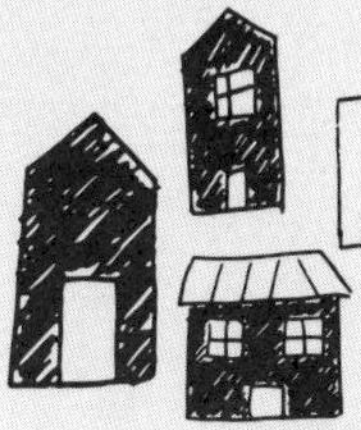

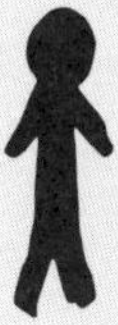

輯四

社工心內話

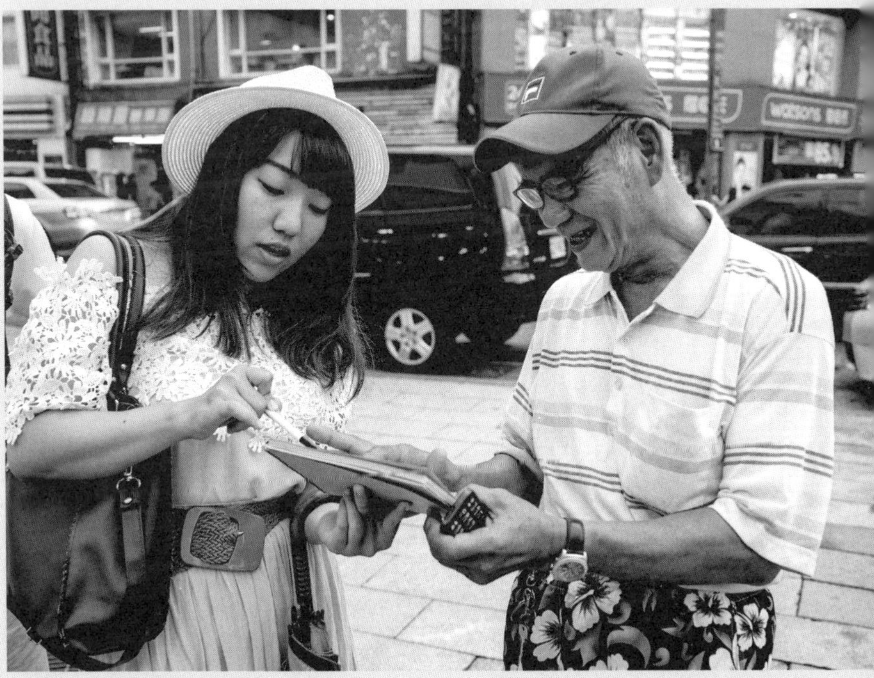

個案做街遊導覽時，佳庭從旁協助。

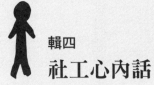

如何當個不會對個案生氣的好社工？

我忘了是在哪一個聚會上認識她的。我們一樣是社工，但我從來沒看她抱怨過任何一句個案的事。

聽她同事說，不管個案多機車、多不講理，她還是笑咪咪的。

就連跟她出去玩時，在捷運入票口的地方，看到她被插隊大嬸撞開，她也沒碎唸過任何一句。

她從不為任何事情發怒（至少在我知道的範圍內），也因此，我在心中對她非常崇敬，從沒在她面前開黃腔或講屁話。

我常在心裡想著，「嗯，就是要像她這樣的人，才有資格當社工吧。我還是趁早賣雞排，不要耽誤眾生了。」

某次，我實在忍不住了，對著佛祖般的她問，「你的人生有為什麼事情生氣過嗎？」

她想了一下，「還是有啊。」

「是什麼事情呢？」

「嗯……」她嗯了很久，還是講不出來。

「想不起來了耶。」她對我抱歉的笑笑。

「那，這麼說好了。如果你的個案對你OOOXXX，你會生氣嗎？」

「喔，這種時候，我都會想，反正他之後就會死了，我就不會生氣了。」

「……反正他之後就會死了？」

「對啊，很有用喔！」

好像不小心看見了月亮的背面啊。

寧願當遊民……

今天湧入大量訂單，我在辦公室一邊處理訂單，一邊和住民胡扯。

「欸，你們要不要來當社工啊？」

「當社工？」

「對呀，就坐我這個位子。以後你就可以發補助、給東西，不用跟社工要，因為你自已就是社工，超爽的。哈哈哈哈。」

因為工作到有點頭昏，我已經開始胡言亂語。

「才不要咧。每天看你們做到那麼晚，我還寧願當遊民。」

節日對社工來說有多可怕

在我還年幼無知的時候，和畢業的社工學姐聊天，我無意間說到，「中秋節好棒喔，連假可以出去玩耶。」

學姐卻一臉怨恨的說，「你當社工，就不會覺得這種節日很棒了。」

以前，我不懂，但最近，我卻深刻體會到節日對社工有多可怕。

中秋活動吸引來一堆為了領物資和現金，明明有房子，還假裝是遊民的社區居民；八百年沒來中心，但一來就不客氣、討錢的個案。

各路牛鬼蛇神，讓社工的負荷量暴增。

而當我和醫院社工夥伴聊天：「欸，你們今天是不是很忙啊？」
「對啊，突然多了一堆酒醉、路倒被送進來。老子從早上到現在，忙到沒尿尿……」
「因為我們昨天發錢啊。哈哈哈哈哈。」
「幹。」

社工比個案還窮?!

高中的輔導老師說，社工是個錢不多，但快樂很多的工作。在認識「社工」這職業之前，我先認識的是老師那令人仰慕的發光靈魂，溫柔而療癒，暖洋洋的笑容。我想要成為那樣的人。

而我從來沒期待過要成為賺大錢的社工，但也沒有料想到，社工有時候會比個案還窮。

大二時，我修了一堂身心障礙福利的課，作業是要訪問一位身心障礙者寫成報告。我找了一位穿得很破爛，在夜市門口拚命點頭、鞠躬，向路人賣彩券的輪椅爺爺。

爺爺知無不言的受訪。

「爺爺，你這樣一個月賺多少啊？」

「很不穩定捏。」

我想著經濟弱勢與身心障礙者之間的連結，心疼起爺爺。

爺爺繼續說，「過年的那幾個月，比較多啦，二十幾萬。平常月就比較少，大概四萬多吧。有時候，半夜會有黑道來買，一次買幾萬的，要看運氣。」

我忍不住在爺爺面前，失態的露出震驚又受打擊的表情。

因為我那時候就知道職場上，忙得要死的菜鳥社工，薪資大概是兩萬多。瞬間產生「我也來截肢吧」的衝動。

而當我成為社工之後，目前我所服務的單位，提供有工作能力與意願，但沒地方住的遊民個案每月六千元，連續三個月的租屋補助。

下午，個案來機構大叫：「租屋，你們一個月只補六千。那麼少，是要我住狗窩喔!!!」

大哥，李社工我現在租的小雅房，每個月五千五啊（註）。

註：此為二〇一四年的租金。

心中小碎唸

狀況一：朋友一直沒接電話的時候。
「可惡，這傢伙最近到底在忙什麼啊……我晚點再打好了。」（打完一通就掛掉。）
狀況二：個案一直沒接電話的時候。
「該不會死掉了吧？如果死掉的話，要先聯繫家屬。我有他家人的電話嗎？還要通知轄區派出所，可能要進行司法相驗。接下來，還要聯繫葬儀社陳大哥跟機構的大家，還有@#$%……（以下略）」（我開始奪命連環call，並在心中想像個案的遺容。）
狀況三：朋友遲到五分鐘。
我繼續滑手機，慢慢等。
狀況四：個案遲到五分鐘。

「該不會死掉了吧？如果死掉的話，要先聯繫家屬。我有他家人的電話嗎？還要通知轄區派出所，可能要進行司法相驗，接下來，還要聯繫葬儀社陳大哥跟機構的大家，還有@#$%……（以下略）」（我開始奪命連環call，並在心中想像個案的遺容。）

生命真的很脆弱啊，我希望大家都好好的。有時候，當我對個案很生氣時，例如，三天花掉一個月薪水或跑去簽牌，我會想到，萬一他死了，我對他會不會有什麼遺憾。一想到個案死掉的樣子，我的怒氣值大概就削減掉十分之九了。

他要看櫻花?!

「社工，您好，我是ＸＸ區公所，我們志工訪到一個遊民。」
「好的，他狀況如何呢？」
「他說，他要看櫻花。」
「他要看櫻花?!」

他要看櫻花?!
他要看櫻花?!
你要看櫻花就去看啊，有人阻止你嗎？還是要社工陪你去看櫻花？現在有櫻花嗎?!

「咳，他有肝硬化，不是看櫻花……」

這也差太多了吧。

草根味

我每隔一段時間，就會陷入焦慮的狀態，而我這陣子焦慮於自己的能力無法達到讓自己滿意的程度，而相當討厭自己。

為什麼事情總是做不完？為什麼做不好？為什麼瞎忙一整天，不知道在忙什麼？為什麼臨場反應這麼差？為什麼手段不能夠軟一點？為什麼原則不能多堅持一點？

我也曾經試圖安慰自己，能力是需要經驗與時間累積出來的，可是個案並不會因為他們的社工比較菜，問題就輕一點。

社工會有很多個案，但個案可能只有你一個社工。

我覺得自己的能力太差了，所以開始讀以前的社工系課本，看能不能惡補一下，殊不知，愈讀愈困惑。

「你今天想談些什麼？」
我腦海中的李社工和個案模擬演練。
「我身上一點錢都沒有了。社工，我要錢。啊，還要衣服、褲子跟泡麵，跟不用錢就可以住的地方。」
我腦海中的個案渾身酒味，身上有疥瘡。
「你希望這裡會發生什麼事？」
「看你們能不能幫助我啊，申請一點錢？」
「你希望未來怎麼樣？」
「就這樣啦，度一天算一天。」
「告訴我，你的行為如何影響你憂傷的感覺……」
「社工，你在供殺毀（台語）……」
「請向我多解釋一點……」
「你怎麼都聽不懂!!」
課本上的東西不能照抄，要練習用草根味的方式表達才行啊，菜鳥李社工。

打賭

跟個案打賭這招，實在是滿有效的。

某個習慣睡車站，工作不穩定的長年流浪個案，在我都換了第二份工作，來了芒草心，還是遇到他。

反正不是我主責的個案，所以我也沒啥社工包袱，在某次，他跟我炫耀新公司制服時，我想著他的輝煌換工作史，很輕鬆的對他說：「來打賭，你會做多久好了。超過三個月，我請你吃飯，哈哈哈哈哈。」

結果，他持續在同一間公司工作到現在，應該再過幾天，就滿三個月了（抖）。

就命名為「打賭社會工作」好了，說不定意外受歡迎。

C罩杯

個案穿上最好的球鞋，跑進辦公室，精神抖擻的報告古社工：「我準備好了！」

古社工微笑看著個案：「你準備好去見溫小姐了嗎？」

無聊的我，插嘴：「溫小姐是誰啊？」

古社工轉過來：「溫小姐是就業服務站的就服員。」

唔啊，我看著個案，心裡想著，我在街友領域工作一段時間了，有這麼強烈的就業動力的個案，還真不多見啊。

古社工笑咪咪的接著說：「他目測溫小姐有C罩杯。」開心的與個案出門了。

社工與律師

社工：「因為你沒有撫養兒女到十八歲，所以子女對你沒有撫養義務。」

個案：「怎麼會沒有義務？小孩是我射的種，你們小女生不懂啦……（下略一萬字）」

因為怎麼講都講不聽，所以替他安排了律師。

律師：「因為你沒有撫養兒女到十八歲，所以子女對你沒有撫養義務。」

個案：「喔～原來是這樣喔，謝謝律師。」

社工心中OS：「幹。」

安置?!

遊民社會工作真的很不容易（其實也沒有一個社工領域是容易的）。他們會成為遊民，通常除了經濟以外，能用的人際資源也都用光了。**在街頭上要活下去，有時必須自我防衛，但欺騙、耍賴或帶有傷害性的習慣等，都讓遊民工作的過程增加難度**。

個案來到社工面前，好像都很慘，社工給了幫助（協助就業、物資、金錢提供等），但個案狀況一好轉，就又跑去喝酒、借錢給別人，瞬間花光。有時還等不到個案好轉，個案就在機構中與人摩擦，待不下去，又回到街頭。

「社會局，你們要強制安置他啊！」
「要安置，也要看他的意願呀。我們的立場是……」
「他在這邊發生問題，就來不及了！你們要預防性的帶走他啊！」

每次一聽到民眾這樣嗆我的時候，我會灰心的想著，是不是還有很多台灣人熱愛有秩序，如戒嚴或北韓的生活？

考上社工，不一定當社工

老實講，畢業這麼多年，從當初應屆考上社工，接到放榜消息的激動（我還打給我媽大哭，說來都好羞恥，當初到底在哭屁），然後每半年放榜，就找一下有沒有同學或學弟妹的名字，順便恭喜恭喜，到現在已經是「嗯？什麼放榜？」，然後就像單身漢看著大家熱烈慶祝情人節一樣的隔閡感。

「不知道有多少榜單上的人，真的會跳進這個火坑啊?!」

像這樣的心情。

因為薪資漲幅低，可能剛入行的菜鳥差不多兩萬元，因此許多人考上社工師後也不一

定當社工，改行開民宿、從事保險業的所在多有。但學習社工專業就代表一定要當社工嗎？許多擁有社工背景的夥伴，將社工系所學的心理與社會知識，還有多元價值觀點運用在不同領域上，也做得風生水起，相當燦爛。在社福體系外撐出空間，也是另一種不同形式的社會工作方法的運用。

矮拉芙優，雖然你有時候很漂亮

「明天有導覽，不要忘記喔。」

導覽員對我碎碎唸了一個小時，我終於把他送走了，當然也提醒他不要忘記明天的導覽。

我想著要抓緊時間，做月核銷，還要整理導覽照片、整理導覽包、印訂單、寫收據、準備培訓導覽的素材，下午還要出門培訓、晚上要開會等小細節。

突然，門又被慢慢推開。

「我忘記一件事情……」

嗯？是他忘了拿東西嗎？我看向桌上，有沒有遺漏的東西。

他接著用台灣國語說：「矮拉芙優，雖然你有時候很漂亮。」

什麼鬼啊？我笑著說：「好，謝謝。」

他關上門，心滿意足的離開。

騎腳踏車之前，他又送了一個飛吻。

我揮揮手。

真是欠揍又可愛的傢伙呢。

繼續加油。

無家者和你、我一樣

很多人會把無家者當成需要特殊相處模式的特異族群，但我覺得他們跟一般人相比，其實沒什麼兩樣。

例如，我剛剛在辦公室整理濕掉的導覽包包時，聽到隔壁有人在怒吼髒話。

我上前關心，問：「發生什麼事了呢？」

結果，全身壯得像牛一樣的他，大吼：「他說我是女生啦！」

我上次聽到這句話的時候，是在幼稚園幫姊姊代課的時候呢。

前輩，社工領那麼少錢，要怎麼活啊？

「前輩，要怎麼樣，才會一直很熱血啊？」
「拉K就好了啊。」
「前輩，你都不會擔心你四十歲，還在領三萬多、四萬多，會養不起家庭嗎？」
「不要想，就不會擔心啦。」
「前輩，領那麼少錢，要怎麼活啊？」
「不死就是活啦。」

三百塊

下午同事要陪個案去開庭，我幾乎想也不想的問他：「賣人頭？」

很多個案都是因為身上沒錢，人家跟他買個證件／郵局本子來用，有些個案心想應該不會被抓吧，就把個資賣出去了。

「對啊，被告詐欺。法官覺得他是共犯。」

「真慘。他賣多少？」

「三百而已。」

「也太少了吧。我寶可夢課金都不只這個錢了……」

三百塊，有些人能在手機上無感的課過去。有些人為了這筆錢開庭，說不定還要進去蹲。

如果人生是一場遊戲，有些人的處境就是地獄困難模式啊。

遊民之間的落差

遊民之間的落差，大概有尼加拉瀑布那麼大。

會看到窮得一塊錢都掏不出來的遊民（倒是可以得到免費米酒喝），也會看到有錢買房子，卻不回去住的怪咖。

星期五，我去夜訪老個案。他拿著智慧型手機說：「社工，你要不要加我臉書？我今天去北投泡溫泉的照片，我有傳上去喔。」

這真是極致奢華的遊民生活啊，可能有遊民界的權貴那麼權貴。

污名

遊民體驗營的第一天晚上，我們睡在二二八公園裡。

「二二八公園裡面不好睡喔！」遊民導師阿光看我和夥伴拿著睡袋，一副完全沒在怕的模樣，出言提醒我們。

「為什麼？是因為蚊子很多嗎？」我開口發問。

「裡面會有很多同性戀啊！很變態的！」留著山羊鬍，身穿乞討破爛裝的前遊民阿光老師，瞪大眼睛，拉長音。

我鬆了一口氣，因為我覺得同性戀一點也不變態，我還很愛去紅樓找他們聊天、學技能，但同時我也覺得很難過，同志到底被污名成什麼樣子，連遊民都嫌棄同性戀，也許他們那個年代的觀念就是這樣吧。

後來我們在二二八公園的舞台上鋪睡袋，睡了充滿蚊子腫包的一夜。
來打擾我們的，不是阿光口中的變態同性戀，而是警察和另一個喝醉的遊民。

以後不要當社工……

「我的個案家裡有一個小朋友，我跟他很好。我送物資過去，順便家訪的時候，都會問他最近在學校過得好不好。他們家是低收入戶。他的爸媽其實也沒什麼心力管他。我想說，我能多做一點，就是一點，因此我就會聽他講心事。結果他高二開始想要讀什麼科系，他問我說，讀社工系好不好。他以後想跟我一樣，想幫助別人。」

她吸了一下鼻子：「我跟他說，不要選社工。他們家需要他的收入，但社工的薪水是養不起的。其實，我那時候心裡很羞愧。好像我在他與我中間劃了一條線，告訴他——你們家太窮了，你沒有資格當社工。」

奇妙的花錢邏輯

「佳庭啊，我現在存款有一萬了吧？我要蓋一個新廚房。喔，對了，我還要回南部找朋友，過年還可以包一個大紅包，呵呵呵呵。」

把一萬元當一百萬元在花的個案們，你以為是一萬歐元存款嗎？

神祕萬華

我工作的地方就在萬華賊仔市附近，每天上班前，我都會順便看看今天賣了什麼鬼東西。

髒兮兮的布上放了穿過的高跟鞋、皮鞋、奇怪的宗教用品，有時候會出現雕刻假陽具、用過的奶瓶、不知道還能不能用的樂器。

到底是什麼樣的人會來買呢？每天的龍山寺摩肩接踵，一堆五十歲起跳的歐吉桑低頭看貨，穿著常讓人分不清，到底是個案，還是一般民眾。

「那些貨都是哪裡批來的啊？」

「很簡單啊。你拿個袋子，隨便找一棟樓，搭電梯去十二樓。人家門口不是都有鞋櫃嗎？你就沿路收，回到一樓，就有一堆可以賣了。」

「靠北喔，偷來的東西，誰會買啊？」

「我就會啊。有些名牌才一百塊，這時候不買，是傻子啊？」

好吧，我果然還不夠上道。

雖然有時看到不錯的東西，但一想到失主發現自己東西不見時的心痛，就可以看見眼前的物品，纏繞濃濃黑氣，買不下去。

你的工作，是世界上的女生看不上眼的工作

朋友松鼠先生也是遊民社工。前幾個月，有個男人主動與協會聯絡，提到想當志工，輾轉找到松鼠先生。

這男人的家境其實不好，他與媽媽一起經營小吃店。不久前，他的爸爸還被詐騙一百萬，經濟狀況雪上加霜。

我很好奇的想著，這男人為什麼會想來當志工，而不是怨恨這個世界。

男人對於街友的相關知識都不了解，也沒有受過志工訓練與志工倫理，他不知道要怎麼與街友接觸。

他第一次和松鼠先生夜訪街友時，就直接掀開不認識的街友蚊帳，嚇得松鼠先生連忙阻止他。向他解釋，這樣會嚇到街友，街友會以為對方是來攻擊的。

男人也曾拿著手機對著街友拍，說要把這些狀況爆料給電視台。

松鼠先生耐心告訴他，哪些事情不可以做，哪些事情怎麼做會更好。男人一路學著。

男人就這樣每個禮拜與松鼠先生帶著麵包、鞋子等物資，在深夜拜訪各地區的街友。

男人會自掏腰包，買大瓶的礦泉水分送街友，也會在旁邊學習松鼠先生怎麼接觸街友。

自從松鼠先生問街友想不想找工作後，男人就會詢問每一個他遇見的街友，「要不要找工作？」甚至把自己要去做的工作讓給他們。

男人進步很大，從一開始不知道怎麼接觸，到今天可以夜訪得很上手。

今天，男人在夜訪的路途上，認真的對松鼠先生說：「我很開心能進入這個世界。這七、八個月，在你的帶領下學到很多。以前我遇到的遊民都很極端，所以，我會報警把遊民趕走。現在，不一樣了，我知道那樣會影響到他們的生存權。」

松鼠先生被他的這番話感動，他見證了男人從頭到尾的轉變過程。

男人接著很嚴肅的繼續說：「我覺得你女朋友能接受你這種工作，一定是個善良的女生。」

松鼠先生反問：「為什麼？」

「因為，你的工作是世界上的女生看不上眼的工作。」

我喜歡我的社會工作

我的工作在台北市萬華的芒草心慈善協會，目前在協助「街遊」業務，另外幫協會做行政，也做了以前在遊民外展沒做過的事情，例如寫寫粉絲頁、接收民眾捐物、記錄徵信等。

幾乎每一天，都會有各地的天使郵寄捐贈東西過來，而我很期待打開箱子的那一瞬間。明明就不是給我的，但我就是會像平安夜收到聖誕大包裹的快樂。

下午，我又去收了一位小姐捐贈的全新運動鞋與專用垃圾袋。

她看著我，很認真的跟我說，「謝謝你們！加油喔！」

回協會的路上，我想著，「很悲觀的人，其實滿適合來坐我這個位置啊。每天接收這些善意，覺得這社會好溫暖喔。」

以前，我常常覺得社工這行飯無法吃很久。

每年投方案計畫，要通過，才能有人事費。

工作對象常常是高風險類型，女社工單槍匹馬去家訪是常態。

事情瑣碎，小至據點硬體更新、維修、看漏水，大至一起討論個案的人生方向。

薪水通常二十六K至三十八K左右。之後即使當上督導與主任，但薪水的漲幅空間很小，卻背負整個非營利組織死活的重責大任。

工作時間很長，往往晚上七點半了，但整個辦公室同仁，一個都沒少。

但，我還是很喜歡社工這個職業。我可以和一群有助人熱血的夥伴一起工作，而當看到個案好好的吃飯，我就可以滿足許久。

來到芒草心後，我以前一直以為應該是社工幫助個案的，但我卻被這裡的住民照顧了。

個案們煮好飯後，會一直說，「先來吃飯啊！趁熱吃！」個案們還幫我拿好碗筷。

當我對著電腦，崩潰自己怎麼能犯下這麼蠢的失誤時，個案們會講兩句很難笑的冷笑話安慰我。還有收到民眾的捐物、被銀行行員說加油的時候……

在工作時，我雖然常常自我厭惡，覺得自己怎麼這麼笨又沒效率，但**有這些美好的事情發生，我早上還是能開心的醒來上班。**

我很喜歡社會工作，喜歡我的工作。

P.S.有時候民眾會打電話來問我們需要什麼，我好想直接說，請直接捐錢，協會需要錢啊……因為當我去刷協會的本子，發現協會戶頭的錢，比我這個剛出社會的菜鳥還少啊。

【附錄二】

七成的街友有工作，九成非自願——你真的了解街友嗎？

Q：為什麼萬華會有這麼多的街友？

關於萬華街友的議題，已經爭執非常久了。很多人都會問，為什麼萬華有這麼多的街友？這與萬華的碼頭文化有關。

艋舺是台北最早開發的地方，它位於淡水河旁邊的好位置，成為繁榮的貨運集散地，這裡聚集了非常多的碼頭工人。船上的水手下了船，第一件事就是去紅燈區解放一下，所以萬華的飲酒老街、酒店茶店，也成了密不可分的關係。

後來因為河道淤積，艋舺沒落，那些碼頭工人與出體力活的人年紀大了，身體傷了、壞了，無法負荷勞動力需求大的工作，又無法去做文書類的工作。他們沒有家人協助與照顧，就一身病痛，流落街頭。

流鶯、流氓、流浪漢、流動攤販、流動工人，這艋舺五流都是糾結在一起的。像龍山寺前的艋舺公園，以前是一片違建，裡面有很多妓女戶。後來違建被拆了，改成停車場，再改成公園，沒處可去的街友，當然就睡在這裡。另外，還有很多街友是被其他地區的警察載過來這邊丟包的。

聽前輩說，以前的治安真的很不好。萬華當地很多有錢人為了讓孩子有個好學區，都搬到其他地方去了。現在的萬華有很多房子都隔成小間，出租給獨居的老人。公園也不只有街友，還聚集了簽六合彩明牌的、賣明牌的，且堆了一大堆東西，當地人當然也會受不了，只好請公權力來處理。

後來政府與警察努力整治艋舺公園，查抄賭場，環保隊載走了好幾車堆積的垃圾，艋舺公園總算重見天日。

大家來艋舺公園的時候，會看到地上有很多包了透明垃圾袋的黑色大布袋，那是社會局與環保局合作的產物。

每個街友都可以領到一個袋子。白天時，街友把自己的東西裝在裡面收好，集中到公園的角落，再出去工作。袋子以外的東西，都會被清潔隊載去焚化爐燒掉。這個措施，讓艋舺公園不會堆滿街友的東西，而街友也有基本的物資可以維持生活，是個共存的好方法。

大家白天來艋舺公園的時候，會看到幾百個老人閒閒沒事，在那邊晃。有的下棋，有的看六合彩明牌，**大家覺得超恐怖的，整個艋舺公園都是街友。其實，不是這樣的，大部分的街友白天去工作了，這些很閒的老人根本就是附近的住戶，他們是有家的。**公園對他們來說，是社交聯誼、聚會的場所。他們又不像我們一樣科技到沒事就滑PTT、上網。他們不會用智慧型手機，也不會用電腦，眼力又沒有好到可以一整天在圖書館看書報，當然就來公園和老朋友聊天、發呆。

如果要算街友的數量，要晚上來看，或者數袋子的數量，根本就沒有幾百個那麼多，大概六十至八十個左右吧。

但只要艋舺公園發生的壞事，大家都認定就是他們幹的。明明白天亂丟垃圾的很多都是有家的人，大家卻說是街友做的。

之前發生艋舺公園香腸小販殺駐衛警事件，大家也說是街友做的。六合彩賭博的人，大家說是街友（有本錢賭這個，幹嘛還當街友啦）。**爛事情就推給街友就對了，反正沒有人會幫街友講話**。

街友生活在公共空間，但當他們被打、被偷、被搶，卻很少人敢去報警，因為覺得報警了，也不會被警察理，或者身上有好幾年前的案子前科，而不敢報。

Q：街友為什麼不去住收容中心呢？

大家可以先猜一下台北市的遊民收容所蓋在哪裡嗎？答案是蓋在新北市。那麼，請再猜一下，新北市的遊民收容所蓋在哪裡呢？蓋在偏遠的林口和萬里（萬里重建中心，地點偏遠，所以不太有人願意去。就算願意去，也不一定有床位。遊民的社福預算真的太少了）。

大家都知道街友需要有地方住，但沒有人願意蓋在自己家旁邊，所以只能蓋得遠遠的，離工作、原有的生活圈遠遠的。別說是街友，我們可以問自己，願不願意住在要搭二十幾分鐘公車上山的美軍雷達站附近，或一個買東西要走幾小時路的地方。

Q：有些遊民根本咎由自取?!

的確有很多街友是年輕時打老婆、打小孩，老了打不動，因而被長大的小孩趕出去。他們老了，沒辦法工作（你可以想一下六十幾歲，找體力活工作的難度）。要申請低收入戶，但低收入戶的審查是採計家戶總所得，子女的收入也被列計，當然無法通過低收入戶認定。

解決的方式，是法律扶助協助他提告子女棄養。法官認定他當年真的沒有撫養事實，判除免撫養義務，他才能不採計子女所得，申請到低收入戶領補助金。

但大部分的人都不願意提告子女。他們覺得愧疚，根本沒有臉去做這件事情，於是領不到補助，又無法去工作，只能流落街頭。

我當初也是因為輔導老師是社工的關係，而走入這一行，我看著發出酸臭味，明明一大把年紀了，還是必須常常餓肚子撿回收的街友，我還是不忍心對眼前生活辛苦無比的人，輕鬆說出「是他咎由自取」這樣的話。

此外，也有很多人以前是對社會很有貢獻的，後來因為各種原因而流浪了。我們遇過以前是老師、蓋房子的工頭、賣電腦的，甚至是醫生，還有曾經百萬年薪的房仲、作家，後來因為重度憂鬱症、生病或重大意外打擊，失去工作，付不出房租而流落街頭。（還有個案是老婆載小孩出了嚴重車禍，老婆、小孩都死了，老公沒搭上那部車，大受打擊，在車禍後一蹶不振，開始酗酒，放棄人生……）

老實說，我覺得終身領聯勸補助社工三十三K的我，以後也很有可能碰上變故，成為街友。我希望社會上的大家不要放棄我，把我安樂死，畢竟我雖然低薪，但我很努力在對社會有貢獻啊。**也希望大家不要放棄任何一個人，因為我們都可能是那個人。**

Q：誰管你的苦衷，強暴犯也有他的苦衷啊！

強暴犯當然就依法處理呀。就像亂丟垃圾就取締，製造吵鬧，就依社維法處理，這無關是不是街友。

Q：不能說全部，但很多人都拿錢買菸、買檳榔。

很多人會買菸、檳榔，還有保力達來維持精神和體力去做粗工，因為，不這樣，就撐不起這份工作，後來就成為一種習慣。

而就算沒有工作，也改不掉了。或者是不想改，畢竟人生太苦，剩下的娛樂，就這些了。

Q：難道沒有哪個單位可以出來強制執行，把他們帶去收容所？

沒有人有強制執行，抓任何一個人去遊民收容所的權力喔，除非他有自傷傷人之虞，才可以把他強制就醫。

你可以打一九九九，社會局會派社工來關心他有什麼需要。

Q：遊民難道不是只想靠乞討來過生活嗎？

很多乞討者都有家，不是遊民。事實上，乞討還滿好賺的，有時一天可以賺幾千塊，真的不用來當街友。

乞討者不等於街友，街友就是一種無家者的狀態而已。

Q：據說遊民證拿到，好像滿幾年後，銀行欠款就可以歸零？

我可以跟你保證，沒有這種事喔。沒有遊民證，頂多就是某社福單位的服務證，可以免費吃煮爛爛的大鍋飯這樣。

工作篇

Q：街友為什麼不去找工作？

有七成的街友是有工作的，只是他們的工作和我們知道的領月薪工作不一樣。最多人做的是舉牌、出陣頭、臨時工。

舉牌的工作，一週只有兩天或假日才有。站一天八小時，被曬、被車撞，才領七百到八百元。

出陣頭也是，要看紅場、白場。有的六百元，有的八百元，真的會樂器的，才能領到一千多元，其他假吹，充人數的，一整天也只有幾百元紅包。而且，一個月有多少陣頭給你出。

臨時工的粗工則非常耗損體能。大部分的街友都又老又病，很多還有癌症、精神病，根本無法負荷。

所以整天沒事做的情況下，能幹嘛呢？喝米酒就是最便宜的娛樂。酒精可以讓身體的病痛，好像不那麼痛了，甚至，乾脆喝死算了。沒地方住，沒錢吃飽，沒有工作，被人瞧不起，子女、親人也都與自己切割，一生就是這樣了……**你跟街友說喝酒傷身，是沒有用的，因為，很多人連生活的動力都沒有了。**

Q：遊民真的找不到基層工作嗎？

街友所遇到的雇主，經常會要街友寫地址。而當街友一臉為難，說可不可以留電話就好，雇主心裡就會懷疑，然後聽到街友是沒地方住的人，立刻就會跟街友說，沒職缺了。

看看八卦版上的留言，你就可以知道這社會對街友的歧視有多可怕。

Q：工地需要臨時工，是不是遊民身分，根本不重要。

但也要身體可以做得起臨時工呢。

Q：為什麼不去做保全？很多六十幾歲的老人都可以做。

保全也是有門檻的喔！有些人當遊民時，因為證件借人，吃上官司，或身為更生人，有前科，這種狀況下，都沒辦法去當保全。

Q：做臨時工、撿回收，租得起房子嗎？

這些人已經被排除在勞動力市場之外。台灣的租屋狀況又差，限女、限學生、限白領。很多中、高齡的單身男子，根本租不到便宜的房子。

就算花五千元在萬華，也只能租到沒有對外窗、屋況差，又是壁癌、漏水、超悶熱的四坪雅房。

社會局也一直很努力，想讓街友可以有能力租屋，而租不起屋的，可以與社區共處。因為驅離沒有用，街友會回來的。

台灣的勞動力市場與租屋狀況都沒有很好，而非自願成為街友的，占了九成以上。我也是當了社工，才知道我們的社會安全網有多脆弱。

【附錄二】

努力工作的街友值得幫，花錢買酒的街友，不值得幫？其實可能都是同一人

網路上會被瘋傳的街友相關新聞，大多是賺人熱淚的心靈雞湯類故事。例如，賴在店門口的街友，其實在半夜幫老闆趕走小偷；街友撿了五十萬拾金不昧，送到警察局；街友明明餓得要死，卻把手上的水煎包拿給流浪狗……

社會大眾們往往把街友區分為兩種——一種是善良可憐、需要幫助的人，例如前面講的那些網路雞湯們；另一種是好吃懶做，好手好腳卻不做事的人，例如總是趴在自己家巷口的那個酒鬼廢物，覺得「社會局怎麼不把他們帶走，真是只會吃飯、拉屎的公務員米蟲」。

不只是民眾會這樣分，其實我在擔任社工初期時，也在心中默默的劃分兩個區域——

一區是值得幫助的人，另一區是不值得幫助的人。值得被幫助的案主，願意配合社工乖乖存錢，努力找工作。不值得被幫助的案主則花錢如流水，錢都拿去買酒或強力膠，要他去找工作，就像要他的命，而且沒事就來找你討福利。活在世界上的每一天，就像在等死。

我想要把資源給值得幫助的人，讓他自立，並有機會脫離流浪生活。另外，只想要拿最低度資源給不值得幫助的人，讓他不要死就好，並期待哪天他會出現正向的改變，讓我在心裡默默把他放回值得被幫助的那一區。

抱病努力工作&福利依賴，都是同一人

但隨著擔任社工的時間拉長，我發現值得幫助的人與不值得幫助的人，中間那條線，愈來愈模糊了。

我的工作是培訓街友，成為導覽員（註1）。導覽的門票收入，能讓導覽員的生活更好。

大部分的聽眾喜歡這種讓街友出去工作賺錢的計畫，相當信奉「給他魚吃，不如給他釣竿」的信條。

其實，我很想質疑聽眾們。你真的知道池子裡還有多少魚嗎？健康狀況差的釣魚人，有能力拿著魚竿釣到足以吃飽的量嗎？但我也不想把場面搞得那麼絕望，所以通常只會很歡樂的介紹我們的服務方案。

台下的聽眾，常常在聽完介紹後，點點頭，說他們真的很棒。他們覺得街友其實很努力，還問，我們的案主是不是都有挑過？我們是不是只服務那些很認真生活的無家者？

「其實沒有喔，你現在看到的XX啊，如果我們早十年碰到他，他還是個在艋舺公園喝得醉醺醺的酒鬼喔。這個XX也是，錢賺到都去簽牌了。這些大家現在覺得很努力的人，其實以前也是大家常看到的那樣子。這些人只是缺少一個機會，擁有舞台，發光發熱。」台下的人，會很政治正確的點頭，政治正確的充滿弱勢關懷的精神，然後，簡報就政治正確的結束了。

前幾天，某個醫院的社工團來參加導覽。他們預約的路線，剛好導覽員生病住院了，因此由我代打。

我向他們說明原本預定的導覽員住院始末。其中一位社工瞇著眼，不確定的問：「你說的那位導覽員，該不會是XXX吧？我是他的社工。」

我驚喜的說，「哎呀，原來你也認識！那我就不用多說啦！」

但她繼續皺眉，懷疑的說，「XXX會導覽?!我認識他啊！他前幾天才剛來找我！他每次來我們這邊開掛帳單（註2），都一副要死不活的樣子，而且超盧。你不給他，他就死賴在那裡。」

她只差沒講出「煩人的傢伙」這字眼，旁邊的同事點頭如搗蒜，也跟著附和：「對啊，他在我們這邊超久了，真的是……」從表情上，完全可以讀出導覽員給她們造成了多少困擾。

我替他緩頰：「但他在我們這邊很努力喔。他怕住院就不能賺錢了，抗拒看醫生很久。每次給他工作機會，他也都很珍惜。遊客很喜歡他。」

結果換她們驚訝的張大眼，「他這樣，也能帶導覽喔?!哇，跟在我們那裡差好多！」

明明是同一個人，在醫院社工面前與在擔任導覽員時，卻有完全不同的樣貌。在社工面前，看似超固執的福利依賴個案，在我們的計畫裡，卻是抱病努力工作的人。

複雜多樣的特質，如同你、我

在與前輩分享我的發現時，她也回憶起剛開始工作的時候。

「那時候，我當遊民外展督導，我們每天都會發麵包。那個皮膚很黑、白內障的個案，你應該聽過吧？他流浪很久了。我其實覺得他很惹人厭。每次來領麵包的時候，都會故意要占便宜，像是插隊啊，或是大小聲，好像是我們欠他的一樣。我對他的印象一直很不好，覺得他就是『福利依賴』。

「某一次，我騎車的時候，在路邊看到一個人在舉牌。那天，太陽超大，熱到我光是在日曬下等紅綠燈，就覺得我要死了，但我看到那個舉牌的人，身影卻很熟悉。我認真一看，發現，咦，那不就是那個死皮賴臉的傢伙嗎？他定定的站在沒有陰影的地方，不知道舉牌舉了多久，地上都是他滴下來的汗水。我光是等個紅綠燈，就被曬得受不了了，真不敢想像，他常常站八個小時以上，那到底有多辛苦？

「原來這個人這麼認真工作，我對他默默改觀。他後來來領麵包的時候，我就可以理解他為什麼會在我們面前有那樣的表現了。其實啊，大家覺得懶惰的街友，跟那些很努力的街友，都很可能是同一個人。他白天努力工作的樣子，看起來很勤奮。舉牌結束後，買一瓶米酒，犒賞自己，躺在那邊喝，卻變成大家口中不值得同情的對象了。」

一直都是同一個人啊。勤奮的、懶惰的、可憐的、充滿心機的。有時候很正向，有時候很低潮。非常努力，但偶爾也會軟爛到無法爬起來。這些乍看之下互斥的特質，形塑成一個立體的人。也正如我們在座，每個如此普通的人。

我們與無家者之間，真的沒有如此不同。

註1：街遊社工：協助策劃以街友為導覽者的「街遊」導覽行程。期盼更多人能透過不同、多樣的視角，走入台北，了解街友的生命經驗，並打破諸多對街友不友善的刻板印象，改善污名。

註2：讓街友不用花錢看醫生的制度，但因各縣市資源不均，目前只有北市可以掛帳單，新北雖然也有掛帳單，但限定只有「新北市民」可以享用此福利。

【附錄三】

「我不是街友，我只是睡了三年遊民收容所。」街友歧視街友?!

在我剛踏入無家者服務領域的時候，我腦中對眼前這群人，是循著林萬億老師的定義——露宿於公共場所達兩週、居無定所的人。如果一個人露宿兩個禮拜，那麼，他就是我的服務對象，他就是街友。

這個明確的標準，讓我可以很快的篩選對象，但也帶來很多煩惱。例如，剛被房東趕出來幾個小時，他算街友嗎？睡在立委服務處門口幾小時，被送來遊民外展，他算街友嗎？

後來，我開始從事無家者的倡權工作。我負責引導他們說出自己真實的人生故事，讓更多社會大眾了解無家者群體，洗刷掉大眾認為「遊民都是懶惰、愛好自由才變街友」的負面標籤，也因此慢慢更理解街友們。

街友如何認知其他街友？

我培訓的服務對象，叫做阿益。阿益六十幾歲了，他睡在要被都更的社區某屋簷下的長椅上，白天當清潔隊員。阿益聽說導覽可以賺錢，而且他口才很好，所以，我們很快就開始策劃導覽路線與內容。

我請他把我當成他的遠房親戚來拜訪，替我介紹他生活的地方。在我們聊到艋舺公園時，他是這麼說的：「艋舺公園那些人，我看很多啦。他們很懶惰，有些人一次拿好幾個便當，只吃雞腿就丟在地上，又不去工作。哪像我白天就去清潔隊掃地做到很晚，還肯存錢。」

我很震驚，我以為阿益也是無家者，他會講出我們常說的事，例如，「就算賺錢了，但因為月收入太低，也沒辦法租房子……」或「早上六點公園臨時叫工，也不是想做就會有的工作……」

阿益在導覽中多次強調「街友很懶惰」，不像他很勤奮。

我每次都很掙扎。好多問題，在我的心中打轉——你很勤奮，但，你也睡路邊，不是嗎？而且，阿益一直講這些，不就更強化了我想洗刷掉的街友污名嗎？

我不一樣，我是高級流浪漢

阿益的培訓，並不順利。

我常常在半夜接到他的電話。接起來，就是他酒醉不清的說，我看不起他，不讓他去睡遊民收容所。

平常練習完，我塞給阿益練習費兩百元。他卻硬塞回來給我，並說先存在我這邊，但他喝醉後，卻成了我不給他錢。

我們常常約了練習，阿益卻不出現，我殺到他睡覺的地方去找他，他人不在。

我詢問他的鄰居與鄰長，他們是這樣評價的：「他喔？那個人，沒用了啦。回來就喝酒，然後大小聲啊，我們都要被他吵到受不了！你是他的社工喔？我跟你說，沒有用啦。那種人，就是爬不起來了。他自己都放棄自己了。」

我聽得心中難受，也震驚於他在鄰里眼中，竟然與我認知的這麼不同。

後來，我和阿益結束培訓，他在我這裡存的練習費，統統領了回去，我們再也沒碰過面。但我常常看到他在公園裡喝酒，外表和他所鄙視的公園裡所謂「懶惰的人」，一點也沒有差別。

阿益不是唯一一個說街友好吃懶做、活該的街友。事實上，我遇到的很多街友，都會這麼說：「那些街友就是不工作……什麼？你說我嗎？我不是街友，我只是睡了三年的遊民收容所而已，我沒睡過街上。」培訓導覽員阿好這麼說，而另一位導覽員，也常在導覽中說：「那些混蛋就是整天喝酒啊，但我跟他們不一樣。」導覽員光頭王更常指著遊民睡覺的立體停車場說：「他們就是不潔身自愛、愛打架，所以才會被警察趕。我不一樣，我是『高級流浪漢』。」

必須切割，否則無法面對自己

「我很意外。我以為他自己就是露宿者，他不會說那些話，可是他卻常常說遊民很懶惰。我不知道他究竟怎麼理解同為街友的自己。」我以前曾經苦惱的問著前輩，後來才知道——雖然同樣是「街友」，但並不意味著他們對這個群體有認同。有些人會有一套自己的定義，例如，「完全不工作的人，才是街友。」因此，如果他有在舉牌，雖然他睡路邊，但他不是街友；或是，「很懶惰的人，才是街友」，但他不懶惰，所以他不是街友……諸如此類神奇的邏輯。

我在聽他們說的時候，常常心裡會有一個很殘忍的聲音，很想對他們大喊：「醒醒吧！在外人眼裡看起來，你們都是一樣睡路邊的啊！」

有工作的無家者，瞧不起沒工作的無家者。沒領餐的，瞧不起領餐的。由街友來說自己的故事，不一定能替露宿者去污名化。

但想想，我又覺得頗心酸的。

他如果不這樣切割，他就會成了他口中瞧不起的人。總要有些人比我們差，我們才能心安理得覺得自己的處境不那麼壞，不是嗎？而這樣的心情，並不是無家者專屬，我們可能都有似曾相識的處境。

何謂「正常」？何謂「異常」？

後來，我和一個友人聊起這個觀察，她卻出乎意外的說：「我自己有幾乎完全能懂這種心境的經驗。」

我很訝異，貌美耀眼，又有體面工作的她，在我眼裡看來，是人生勝利組啊。她卻接著說：「大概十年前，我曾經因為很嚴重的憂鬱症住院，前後住了兩個月。那時候，我也一直都覺得『其他病友好可憐』，因為我打從心底覺得自己跟他們不一樣。

「那種心情很複雜。有一點是出於『他們真的好嚴重，我沒資格在這裡叫苦，還爭奪這些醫療資源』的自我否定。也有一種，是出於深刻了解這個社會給予精神疾患者的標籤有多可怖，而我不願意去面對這些。還有另一種是，一部分社會化的自我——所謂『正常』的自我，也是這樣標籤的製造者，覺得生病就很軟弱、自我抵抗力不足。這想法很可恥，但也終究還是一種自我否定，厭惡自己如此軟弱。那種心情，真的非常複雜。」

隨後，她停了一下，「而後來，我之所以清醒，是被另一個病友一棒敲醒。

「有一次，我看到一個病友被架到重重隔離的保護室，他根本無法控制自己。我在旁邊看著他被扔進去，關在裡面，覺得好難過，就跟我同房的一個女生講，她也是個重度的憂鬱症患者。結果，她卻冷冷的回我：『你為什麼要覺得他很可憐？你以為你是誰？』

「當下，我真覺得被踹醒。力道大概跟海嘯一樣大。」她接著說：「但這樣的覺醒後來幫助我很大。我開始比較能夠面對治療，能夠跟醫生討論病情，不會一直否定生病這件事，或厭惡自己。」

我聽著她的故事，突然想起培訓導覽員阿益。阿益在遊客面前那麼有自信，卻在酒後或夜晚等容易脆弱的時刻，哭著打電話給我：**「你一定是看不起我……」**我那時不解他為什麼要把我沒說過的話塞給我，我很惶恐的檢討自己，是不是做了什麼，讓他誤會。**現在，我才明白，也許那句話，是來自於他內心裡的另一個自己。**

我們每個人身上都有各式各樣的關鍵字，而眾多的特質構成一個獨立而完整的樣貌。當我們因各種自願或非自願的原因聚集於此，被強勢的主流審視，並貼上標籤時，便會讓人忘記，自己身為群體的一員，而挺身捍衛群體的價值，反而害怕得想撇清。

這時候，要求人要勇敢對抗整個世界加諸於身的污名、要堅強起來、要有自信，是非常殘酷、嚴苛的事。

於是，這些人只能流著血，切割著自己的肉，微笑著說：「那些都不是我。我很好。」

國家圖書館預行編目資料

你不伸手，他會在這裡躺多久？：一個年輕社工的掙扎與淚水／李佳庭著. ——初版. ——臺北市；寶瓶文化, 2019.06 印刷
面；　公分, ——（Vision；178）
ISBN 978-986-406-161-7（平裝）
1. 社會工作 2. 文集
547.07　108009432

Vision 178

你不伸手，他會在這裡躺多久？——一個年輕社工的掙扎與淚水

作者／李佳庭 社工
副總編輯／張純玲

發行人／張寶琴
社長兼總編輯／朱亞君
資深編輯／丁慧瑋　編輯／林婕伃
美術主編／林慧雯
校對／張純玲・陳佩伶・劉素芬・李佳庭
營銷部主任／林歆婕　業務專員／林裕翔　企劃專員／李祉萱
財務／莊玉萍
出版者／寶瓶文化事業股份有限公司
地址／台北市110信義區基隆路一段180號8樓
電話／(02) 27494988　傳真／(02) 27495072
郵政劃撥／19446403　寶瓶文化事業股份有限公司
印刷廠／世和印製企業有限公司
總經銷／大和書報圖書股份有限公司　電話／(02) 89902588
地址／新北市新莊區五工五路2號　傳真／(02) 22997900
E-mail／aquarius@udngroup.com

法律顧問／理律法律事務所陳長文律師、蔣大中律師
如有破損或裝訂錯誤，請寄回本公司更換
著作完成日期／二〇一九年三月
初版一刷日期／二〇一九年六月二十七日
初版六刷+日期／二〇二三年三月十七日
ISBN／978-986-406-161-7
定價／三三〇元

愛書人卡

寶瓶文化事業 AQUARIUS

感謝您熱心的為我們填寫，
對您的意見，我們會認真的加以參考，
希望寶瓶文化推出的每一本書，都能得到您的肯定與永遠的支持。

系列：Vision 178　**書名：你不伸手，他會在這裡躺多久？──一個年輕社工的掙扎與淚水**

1. 姓名：__________　性別：□男　□女
2. 生日：____年____月____日
3. 教育程度：□大學以上　□大學　□專科　□高中、高職　□高中職以下
4. 職業：__________
5. 聯絡地址：____________________

　聯絡電話：__________　手機：__________

6. E-mail信箱：____________________

　□同意　□不同意　免費獲得寶瓶文化叢書訊息

7. 購買日期：____ 年 ____ 月 ____日
8. 您得知本書的管道：□報紙／雜誌　□電視／電台　□親友介紹　□逛書店　□網路

　□傳單／海報　□廣告　□其他

9. 您在哪裡買到本書：□書店，店名__________　□劃撥　□現場活動　□贈書

　□網路購書，網站名稱：__________　□其他__________

10. 對本書的建議：（請填代號　1. 滿意　2. 尚可　3. 再改進，請提供意見）

　內容：__________

　封面：__________

　編排：__________

　其他：__________

　綜合意見：____________________

11. 希望我們未來出版哪一類的書籍：____________________

讓文字與書寫的聲音大鳴大放

寶瓶文化事業股份有限公司

廣　告　回　函
北區郵政管理局登記
證北台字15345號
免貼郵票

寶瓶文化事業股份有限公司收

110台北市信義區基隆路一段180號8樓

8F,180 KEELUNG RD.,SEC.1,

TAIPEI.(110)TAIWAN R.O.C.

（請沿虛線對折後寄回，或傳真至02-27495072。謝謝）